*Hans-Jürgen Heinicke*, geboren 1951 in Görlitz. Er lernte Betriebsschlosser, holte das Abitur per Abendschule nach, arbeitete später bei der DEFA als Requisiteur und begann noch in der DDR, alte Möbel und Antiquitäten zu sammeln. Hans-Jürgen Heinicke hat 30 Jahre Erfahrung im Wohnungsauflösen, Nachlassverwerten und Schätzen von Antiquitäten. Er lebt in Berlin.

*Fred Sellin*, geboren 1964 in Wittenberg, studierte Journalistik in Leipzig und zog 1990 mit seiner Familie nach Köln. Er war Redakteur und Reporter bei verschiedenen Tages- und Wochenzeitungen, heute lebt er als freier Autor in Hamburg. Er veröffentlichte u. a. Biographien über Heinz Rühmann und Ben Becker.

*www.fischerverlage.de*

Hans-Jürgen Heinicke
mit Fred Sellin

# Was vom Leben übrig bleibt, kann alles weg

*Fundstücke eines Wohnungsauflösers*

Fischer Taschenbuch Verlag

Originalausgabe
Veröffentlicht im Fischer Taschenbuch Verlag,
einem Unternehmen der S. Fischer Verlag GmbH,
Frankfurt am Main, Oktober 2012

© S. Fischer Verlag GmbH, Frankfurt am Main 2012

Satz: Dörlemann Satz, Lemförde
Druck und Bindung: CPI – Clausen & Bosse, Leck
Printed in Germany
ISBN 978-3-596-19520-6

Es gibt drei Sorten von Menschen: solche, die sich zu Tode sorgen; solche, die sich zu Tode arbeiten; und solche, die sich zu Tode langweilen. *Winston Churchill*

# Inhalt

# Verlassenschaften

Ich bringe es gleich auf den Punkt: Das Leben ist endlich!

Das hören die meisten nicht gern, aber so ist es nun einmal. Und für mich ist das auch gar nicht schlecht – im Prinzip.

Im Leben geht es letztlich immer ums Prinzip. Beim Sterben allerdings auch. Im Prinzip ist es nämlich ziemlich blöd, wenn jemand abtritt. Für denjenigen, den der Sensenmann holt, noch am wenigsten, er bekommt davon nichts mehr mit. Für seine Angehörigen und für alle, denen er zu Lebzeiten etwas bedeutete, aber schon.

Andererseits: Würde niemand mehr sterben müssen, nur mal rein theoretisch, die Welt wäre ein noch viel chaotischerer Ort, als sie das ohnehin schon ist. Ganz abgesehen davon, dass ich mir dann etwas anderes suchen müsste, womit ich meine Brötchen verdiene. Und nicht nur ich, vom Tod leben eine Menge Leute, die meisten nicht einmal schlecht. Sargfabrikanten, Bestattungsunternehmer, Steinmetze, Friedhofsgärtner, Leichenträger, Blumenverkäufer. Nicht zu vergessen all die Geistlichen, die den Dahingeschiedenen ihren Segen mit auf den letzten Weg geben – wohin der sie auch führen mag, das weiß ja niemand –, denn die machen das genauso wenig für lau.

Auch ich komme erst ins Spiel, nachdem jemand sein Leben bereits ausgehaucht hat, in der Regel jedenfalls. Dann nämlich, wenn eine Wohnung ihren Mieter ans Jenseits verloren hat – oder ihren Besitzer, falls der seine vier Wände selbst bewohnte. Es kann sich aber ebenso gut um ein Haus handeln oder um eine Firma. Unterm Strich läuft es auf dasselbe hinaus, bis auf den Unterschied, dass die Aufträge mal kleiner, mal größer sind. So oder so – auf jeden Fall bedeutet es Arbeit. Aber darüber würde ich mich niemals beklagen: Arbeit adelt den Menschen. Das mag nicht jeder so sehen – ich schon. Außerdem, irgendjemand muss den Kram schließlich erledigen.

Mit Kram meine ich das, was üblicherweise als Haushaltsauflösung bezeichnet wird. Manche sagen auch Entrümpeln dazu. Das klingt nicht ganz so vornehm, beschreibt den Vorgang aber kaum schlechter – in manchen Fällen sogar treffender. Dabei denke ich übrigens keineswegs an zugemüllte Messie-Wohnungen. Dazu könnte ich sowieso nichts sagen, da mir solche bislang nicht untergekommen sind. Nein, ich rede vom Durchschnitt, vom Alltäglichen, von der Wohnung oder dem Haus eines gewöhnlichen Nachbarn. Wobei dieses »gewöhnlich« relativ ist und sich als viel dehnbarerer Begriff herausstellen kann, als man vielleicht vermutet. Aber das merkt man eben erst, wenn man den Job macht, den ich mache – und das sieht, was ich dabei zu sehen bekomme.

Sehen ist überhaupt ein ganz wichtiger Punkt bei meiner Arbeit. Um in einem Haufen von alltäglichen Gegenständen das Besondere und manchmal auch Wertvolle aufzuspüren, muss man richtig hingucken. Man braucht einen ganz bestimmten Blick und das richtige Gespür. So etwas vermittelt keine Schule und keine Universität, das muss man sich selbst erarbeiten. Und bis man so weit ist, hat man viele Kubikmeter Müll entsorgt.

Das ist furchtbar mühsam und manchmal auch etwas kompliziert, aber genau darin liegt für mich der Reiz. Sonst würde ich das gar nicht tun. Ich behaupte nicht, dass jeder, der in dieser Branche unterwegs ist, genauso tickt wie ich. Ich kenne ja auch gar nicht jeden. Diejenigen jedoch, die seit Jahren zu meinem Bekanntenkreis gehören, sind von ähnlichem Naturell: Wir sind alle Schatzsucher.

Meinetwegen könnte man mich auch als Trüffelschwein bezeichnen, damit hätte ich kein Problem. Wobei Trüffel heutzutage eher von speziell abgerichteten Hunden erschnüffelt werden, nicht von Schweinen, aber wer spricht schon von Trüffelhunden?

Offiziell nenne ich mich »Sachverständiger für Nachlässe«. So steht es auf meiner Visitenkarte. Irgendwie muss man sich doch nennen, sonst ist man nichts, und es stimmt ja auch – jedes Wort.

Mein Sachverstand zeichnet sich zum Beispiel dadurch aus, dass ich weiß, wohin mit dem ganzen Krempel, der sich in einem Haushalt über Jahre und Jahrzehnte angesammelt hat, der dort nun aber verschwinden muss, da sein Besitzer beziehungsweise seine Besitzerin das Zeitliche gesegnet hat.

Das sagt sich so einfach. Und das wäre es vielleicht sogar, würde man einen großen Container für Sperrmüll bestellen, alles reinschmeißen und zu einer Kippe abtransportieren lassen. Aber wer will das schon? Die Hinterbliebenen – oder irgendwelche anderen Erben – jedenfalls nicht, oder höchstens in einem von tausend Fällen. Doch selbst wenn keine Hinterbliebenen da sind und mir der Auftrag zur Räumung einer Wohnung von einem Nachlasspfleger, also von Amts wegen, erteilt wird, könnte ich ihn nicht auf diese Art und Weise erledigen. Nicht etwa, weil das der Respekt vor einem Verstorbenen und seinen Besitztümern verbieten würde, wobei das in meinen Augen noch ein echter Grund wäre. Doch die Wahrheit ist: Es geht um so etwas Profanes wie Geld.

Auch dann noch.

Gerade dann.

Die Rechnung in einem solchen Fall ist ganz simpel: Eine Wohnungsräumung kostet, eine Beerdigung ebenfalls. Und auch der Nachlasspfleger muss bezahlt werden. Falls der Tote also nicht gerade ein prall gefülltes Konto hinterlassen hat oder anderen Reichtum, für den es keine Erben gibt, versucht man, diese Ausgaben wieder hereinzuholen, indem man Dinge aus dem Nachlass, die noch einen gewissen Wert haben, verkauft. Wenn dabei sogar ein Gewinn entsteht, umso besser, darüber beschwert sich niemand.

Und falls es nicht darum geht, irgendwelche Kosten auszugleichen oder kleine Gewinne einzustreichen, bin immer noch ich da – der Schatzsucher, der nicht einfach alles blind in den Müll verfrachtet, eben, weil er etwas sucht. Oder einer meiner Kollegen, den dieselbe Mission antreibt.

Womit ich bei einem anderen Aspekt des erwähnten Sachverstands wäre, der darin besteht, brauchbare Dinge von unbrauchbaren unterscheiden zu können. Brauchbar im Sinne von verwertbar beziehungsweise veräußerbar. Aber damit bin ich schon bei Stufe drei angelangt. Denn bevor ich etwas veräußern kann, muss ich es erst einmal entdecken und dann wiederum in Erfahrung bringen, ob sich Geld damit verdienen lässt. Und wenn ich soweit gekommen bin, bleibt immer noch zu klären, wo und wie ich etwas verkaufen oder anders loswerden kann und vor allem, zu welchen Konditionen.

Im Supermarkt oder im Kaufhaus ist alles mit einem Preis versehen. In dem Geschäft, das ich betreibe, gibt es weder Preislisten noch sonst irgendwelche allgemeingültigen Richtwerte, an denen man sich orientieren könnte. Es gibt überhaupt keine Regeln. Jedenfalls fallen mir keine ein, die unumstößlich oder verbindlich wären.

Es ist also ein weites Feld, auf dem wir uns da bewegen, und ein ziemlich wildes obendrein. Im Grunde genommen die pure Anarchie. Aber das passt sehr gut zu dem Völkchen, das sich in diesem Gewerbe tummelt: Alles Leute, die ihr Leben selbst in die Hand genommen haben, die sich weder unterordnen noch von irgendjemandem abhängig machen wollen. Auf jeden Fall keine Typen fürs Kollektiv oder für Hierarchien, wie auch immer diese geartet sein mögen.

Ich weiß das und darf das sagen, weil ich selbst so einer bin.

Manche halten uns wahrscheinlich für verschrobene Menschen, die ein bisschen aus der Zeit gefallen sind, und so falsch ist das gar nicht. Natürlich kommt es immer auf die Perspektive an, aus der man das betrachtet. Wenn beispielsweise Konsumwut als Voraussetzung für ein erfolgreiches und glückliches Leben im Hier und Jetzt gilt, dann trifft die Charakterisierung oben voll auf mich zu. Mit Shoppen als Identitätskrücke habe ich nämlich rein gar nichts am Hut. Es muss sehr lange her sein, dass ich mich in ein Kaufhaus verirrt habe – ich kann mich kaum daran erinnern … Oder doch: Letztens wurde ich auf der Wilmersdorfer Straße – bei mir um die Ecke – von einem heftigen Regenguss überrascht und flüchtete schleunigst in den erstbesten Eingang. Er war groß, hell erleuchtet, und ein warmer Luftstrom schlug mir entgegen, also wird er wohl zu einem Kaufhaus gehört haben. Es gibt in der Gegend eine ganze Menge davon. Da ich aber im Eingang stehen blieb und keinen Schritt weiterging, als hätten meine durchnässten Schuhe augenblicklich Wurzeln geschlagen, zählt das wohl nicht. Ich kann nicht einmal sagen, was in den Regalen lag, ob es dort überhaupt welche gab.

Wahrscheinlich bin ich auch der Einzige, der nie etwas bei Ikea kauft, abgesehen von den blauen Taschen, die es an der Kasse gibt – für fünfzig Cent das Stück. Sinnigerweise tragen diese Dinger die Bezeichnung Frakta, was so viel bedeutet wie: verfrachten. Ich sollte mich vielleicht bei Herrn Kamprad bedanken, dass seine Leute diesen treffenden Namen für die

Tasche gefunden haben. Denn der erklärt gleich, warum jemand wie ich einen ganzen Stapel davon besitzt – und immer wieder neue gebrauchen kann. Das soll jetzt keine Werbung für das schwedische Möbelhaus sein, aber ich kenne kein anderes Taschenmodell, das über ein Fassungsvermögen von siebzig Litern verfügt – sogar einundsiebzig, um genau zu sein – und mit dem man locker fünfundzwanzig Kilo auf einmal wegschleppen kann. Jedenfalls nicht für diesen Preis.

Frakta ist für mich die beste Ikea-Erfindung überhaupt. Nichts eignet sich perfekter, um allen möglichen Kleinkram aus einer Wohnung zu räumen. Diese Tätigkeit ist kein unwesentlicher Bestandteil meines Jobs. Kleinkram findet man bergeweise – in jeder Wohnung. Selbst in einer picobello aufgeräumten, wo es im ersten Moment gar nicht danach aussieht. Da täuscht man sich leicht.

Irgendwie aus der Zeit gefallen wirken wir auf andere vermutlich auch deshalb, weil uns alte Dinge mehr bedeuten als das meiste neumodische Zeug. Das fängt bei Möbeln an, setzt sich fort bei Bildern, Lampen, Teppichen, Porzellan, Geschirr und hört auch bei Büchern nicht auf. Diese Vorliebe beruht im Wesentlichen auf zwei Gründen: einem emotionalen und einem monetären. Der emotionale hat vor allem mit Geschmack zu tun, aber genauso mit dem Wissen, wie viel handwerkliche Kunst in diesen Dingen steckt. Das eine korrespondiert mit dem anderen, bewusst oder unbewusst. So weit ist das eine relativ klare Geschichte. Anders beim Monetären: Rein privat kann ich auch Gegenständen etwas abgewinnen, für die niemand einen Cent ausgeben würde. In meinem Beruf allerdings sind mir Dinge lieber, die einen gewissen Wert besitzen und also auch einen Gewinn versprechen.

Mit dem Wert ist das allerdings so eine Sache, aber darüber hat sich schon der olle Marx den Kopf zerbrochen. Arbeitszeit, Arbeitskraft, Tauschwert … was es da nicht alles gibt, das Einfluss auf den Wert einer Ware haben soll. Fest steht, der Wert von irgendetwas ist alles andere als eine genau messbare, gleichbleibende und verlässliche Größe. Das macht es gerade dann schwierig, wenn er sich in einer bestimmten Summe Geld ausdrücken soll. Es mag Formeln geben, mit deren Hilfe man den Wert von etwas berechnen kann – theoretisch. Mit Theorie kann ich in meinem Gewerbe nur nichts anfangen. Formel hin oder her, am Ende des Tages zählt allein, ob sich jemand für ein Stück interessiert und wie viel er bereit ist, dafür hinzublättern. Findet sich nämlich niemand, der es haben will, schrumpft sein Wert automatisch so ziemlich auf null.

Das macht unser Geschäft einerseits recht einfach, andererseits aber auch ziemlich schwierig. Denn Kunden, die mich mit einer Wohnungsauflösung beauftragen, haben nicht selten völlig andere Vorstellungen davon, was ein altes Möbelstück wert ist, ein Kronleuchter oder ein Teppich oder sonst irgendetwas, das ihnen der Verstorbene hinterlassen hat. Bei einem fünfzehn Jahre alten Auto sehen die Leute sofort ein, dass man dafür kaum noch etwas herausschlagen kann. Handelt es sich hingegen um Einrichtungsgegenstände, scheinen persönliche Erinnerungen und Gefühle, die damit verbunden sind, oft den Blick für die Realität zu trüben. Vielleicht mussten Mutter und Vater ewig sparen, um sich eine bestimmte Schrankwand leisten zu können. Oder mein Auftraggeber hat noch den Preis im Kopf, den der handgeknüpfte Perserteppich die Eltern einst kostete, vergisst dabei aber, dass seitdem dreißig oder vierzig Jahre ins Land gegangen sind.

Gerade bei Teppichen staune ich manchmal selbst, obwohl ich immer denke, ich habe schon alles gesehen, mich kann nichts mehr erschüttern. Aber dann fällt mir bei einer Räumung ein Echtheitszertifikat in die Hand, auf dem noch der Preis steht, und es verschlägt mir fast die Sprache: vierzigtausend Mark – bezahlt in den siebziger Jahren des vergangenen Jahrhunderts. So ein Teil hatte ich Letztens erst, ganz ansehnlich, aber nichts Besonderes. Für die gleiche Summe hätte man zu der Zeit ein sehr ordentliches Auto bekommen. Da frage ich mich, was für eine Geschichte der Händler den Käufern damals wohl aufgetischt hat. Dass sie das gute Stück nur oft genug streicheln müssten, damit es sich in pures Gold verwandelt? Oder wenigstens in einen fliegenden Teppich, mit dem sie in Zukunft jedes Jahr in den Urlaub düsen können?

Manchmal halten mir Hinterbliebene gleich selbst die alten Rechnungen für ihre kleinen Schätze aus der Vergangenheit unter die Nase – weil sie meinen, damit beweisen zu können, wie wertvoll diese sind. Nicht einfach, so eine Situation. Die Leute rechnen vielleicht mit tausend Euro, dabei weiß ich in dem Moment schon, dass ich nicht mehr als hundert oder hundertfünfzig dafür bekommen würde, wenn überhaupt.

Nun spiele ich aber ungern den Überbringer schlechter

Nachrichten, und genauso wenig liegt mir daran, die Leute zu enttäuschen. Also rate ich ihnen, es doch lieber erst einmal bei Bekannten und Verwandten zu versuchen. Deren Reaktion öffnet den meisten dann die Augen. Alte Teppiche, um bei dem Beispiel zu bleiben, sind heutzutage verdammt schwer zu verkaufen – mit Ausnahme einiger weniger, die durch besondere Farben und eine herausragende Qualität bestechen.

Mit alten Pelzmänteln verhält es sich ähnlich. Früher waren sie ein Statussymbol der Wohlhabenden. Die teuersten kosteten ein Vermögen. Heute wird man fast erschlagen, wenn man irgendwo mit einem echten Pelz behangen aufkreuzt.

Oder nehmen wir Chippendale-Möbel. Was hat man dafür in den sechziger Jahren investieren müssen! Zehn- oder fünfzehntausend Mark allein für eine Anrichte, und das war dann nicht einmal eine besonders große. Selbst echte antike Stücke aus den zwanziger Jahren bekommt man kaum los, ob das Anrichten sind oder Kommoden, Tische oder sonst was. In Berlin jedenfalls muss man das Glück schon mächtig auf seiner Seite haben, um Möbel aus dieser Epoche an den Mann oder die Frau zu bringen. Umso mehr, wenn man einen Preis erzielen möchte, der den ganzen Aufwand lohnt. Meistens müssen die Stücke vorher nämlich erst einmal gründlich aufgearbeitet werden.

Das kann sich natürlich alles wieder ändern. Nur glaube ich nicht so recht daran. Wobei, ich hätte es auch nicht für möglich gehalten, dass so viele Sachen aus den fünfziger und sechziger Jahren jemals wieder gefragt sein könnten. Tütenstehlampen, Nierentische, Blumenständer, Schreibtische, Vorhänge mit den typischen Mustern dieser Zeit – läuft alles gerade richtig gut. Selbst Sitzmöbel aus der DDR, die für meinen Geschmack nicht unbedingt formschön sind, dafür aber ziemlich robust. Ich kenne jemanden, der handelt sogar mit altem Weimar-Porzellan. Meine Augen schmerzen schon, wenn ich diese Teile nur angucke, aber sein Geschäft scheint zu florieren. Allerdings verkauft er die Sachen übers Internet. Und das meiste geht nach Russland – oder jedenfalls in Richtung ehemaliger Ostblock. Nur gut, dass die Geschmäcker so verschieden sind. Wo sollten wir sonst mit dem ganzen Zeug hin?

Im Grunde ist es mit den meisten Sachen so, die man heute in irgendwelchen Läden bekommt: Kaum hat man sie gekauft, schon verlieren sie ihren Wert – und zwar komplett. Das heißt, im Prinzip ist das Kaufhaus die Vorstufe zur Müllhalde.

Natürlich ist das keine ökonomische Gesetzmäßigkeit, die man in schlauen Büchern nachlesen könnte, aber man sollte darüber ruhig mal nachdenken: das Gesetz vom totalen Wertverlust. Die Fakten dazu könnte ich auf jeden Fall beisteuern, sozusagen empirische Erkenntnisse, aus dreißig Jahren Berufserfahrung.

Meine Sichtweise wirkt vielleicht ein wenig speziell, aber sie ist einfach von der Realität geprägt, wie ich sie bei Räumungen ständig erlebe. Am Ende gibt einem keiner mehr etwas für den Plunder, den man über die Jahre ansammelt. Oder nur so wenig, dass man mit einer Aufwand-Nutzen-Rechnung glatt im roten Bereich landen würde, also sogar noch draufzahlen müsste. Aber das kann unmöglich der Sinn meiner Arbeit sein. Dann verschenke ich die Sachen lieber. Damit erreiche ich wenigstens, dass sie doch wieder einen gewissen Wert bekommen. Zwar nur für denjenigen, der einen Verwendungszweck für sie hat, aber immerhin.

Man kommt vielleicht nicht sofort darauf, doch selbst diese Art der Warenverteilung, die ja beinahe schon kommunistisch ist, setzt ein gewisses Know-how voraus. Dazu muss man nämlich wissen, wo man denjenigen findet, der ausgerechnet auf das scharf ist, was man selbst gerade loswerden will. Das Internet ist hierfür eine prima Erfindung – aber nur bedingt. Räumungen müssen in der Regel flott über die Bühne gehen, manchmal von heute auf morgen. Der Zeitdruck ist dabei alles andere als hilfreich, denn wer schnell verkaufen will, muss billig verkaufen.

Deswegen hatte ich vor einigen Jahren die Idee, all die Dinge, die ich für brauchbar hielt, aber nicht gleich absetzen konnte, in einem Lager zu deponieren. Ich mietete extra eine Halle an, die früher einmal eine Scheune war, außerhalb von Berlin, in einer ländlichen Gegend. Kiste für Kiste und Tasche um Tasche schaffte ich dorthin, und jedes Mal sagte ich mir: Darum kümmerst du dich, wenn etwas mehr Zeit ist.

Eine verhängnisvolle Entscheidung, denn sie verleitete mich dazu, jedes Brett aufzuheben, von dem ich annahm, ich könnte es irgendwann noch einmal gebrauchen. Bald türmten sich die Sachen bis unter die Decke. Antike Möbel, die restauriert werden sollten, Unmengen von Büchern und noch mehr Kleinkram, vor allem Edeltrödel – Silberbesteck, Porzellan, Vasen, Kerzenständer, Bilderrahmen, was man halt so findet. Es war so viel, dass ich irgendwann selbst nicht mehr wusste, womit die ganzen Kisten gefüllt waren. Wenn ich dann eine aufmachte, war es jedes Mal wie Weihnachten – eine Überraschung nach der anderen kam zum Vorschein. Und obwohl ich mich dazu verdonnerte, immer einige Kisten mit auf den Trödelmarkt zu nehmen, um deren Inhalt dort unters Volk zu bringen, wurden es einfach nicht weniger.

Beinahe hätte mich die Sache in eine fiese Depression getrieben. Ich brauchte nur an das Lager zu denken, schon kriegte ich schlechte Laune. Und wie es mich innerlich erst quälte, wenn ich hinfuhr und merkte, dass ich das Tor vor lauter Kisten kaum mehr aufbekam. Ich möchte nicht wissen, wie ich das auf Dauer verkraftet hätte. Zum Glück kam Rettung in letzter Not: Der Besitzer setzte sich irgendwann in den Kopf, aus der alten Halle ein richtiges Schmuckstück zu machen und sie dann selbst zu nutzen.

Ich musste mich also zwangsläufig von dem ganzen Kram trennen. Eine elende Plackerei, Wochen hatte ich damit zu tun. Doch am Ende war es ein wahrer Akt der Befreiung. Ich merkte richtig, wie ich wieder aufblühte und viel mehr Lust aufs Leben bekam. Seitdem habe ich ein Mantra, das mich durch den Arbeitsalltag begleitet: »Was du heute kannst entsorgen, verschiebe nicht auf morgen«.

Es sind erstaunlich wenige Sachen, die aufzuheben sich wirklich lohnt. Antikes Kinderspielzeug aus Holz fällt mir da spontan ein. Oder auch alte Modelleisenbahnen von Märklin, speziell Mitropa-Waggons, die in den dreißiger Jahren hergestellt wurden, aus Blech und mit echter Beleuchtung. Dafür begeistern sich meistens Männer fortgeschrittenen Alters. Viele von ihnen erfüllen sich damit einen Kindheitstraum. Ich kenne das aus der eigenen Familie. Mein Bruder und ich, wir wollten als Kinder unbedingt eine Dampfmaschine haben, aber dafür war nie Geld da. Also flitzten wir immer, wenn es uns einfiel, zum Spielzeugladen, dort stand eine im Schaufenster, sie war manchmal sogar in Betrieb. Wir drückten uns an der Scheibe die Nasen platt und vergaßen darüber die Zeit, so sehr zog uns das kleine Wunderwerk der Technik in den Bann. Bei meinem Bruder ist diese Faszination bis zum heutigen Tag geblieben. Mit dem Unterschied, dass er inzwischen eine ganze Sammlung von Dampfmaschinen besitzt. Die erste kaufte er sich allerdings auch erst, nachdem er selbst schon Kinder hatte.

Eine Sache sollte ich noch erklären, ehe ich alles andere erzähle: Nämlich, wie ich überhaupt dazu gekommen bin, mich um die Sachen wildfremder Menschen zu kümmern – um ihre Verlassenschaften, wie ich das am liebsten nenne. Ein wunderbares Wort, hierzulande benutzt das allerdings kaum jemand. Vielleicht gefällt es mir gerade deswegen so gut. In Österreich ist es gebräuchlicher, als ein Begriff aus dem Erbschaftsrecht. Vor Jahren fiel mir bei einer Wohnungsräumung ein uraltes Buch in die Hände, das den schönen Titel *Grammatisch-kritisches Wörterbuch der Hochdeutschen Mundart, mit beständiger Vergleichung der übrigen Mundarten, besonders aber der Oberdeutschen* trägt. Ein mehrbändiges Werk, verfasst von einem gewissen Johann Christoph Adelung, seinerzeit kurfürstlich-sächsischer Hofrat und Oberbibliothekar in Dresden. Eine Verlassenschaft, schrieb er, sei, »was man bey seinem Tode an zeitlichen Gütern verläßt oder hinterläßt ...« Dieser Satz begeisterte mich fast noch mehr. Allein die Formulierung: »an zeitlichen Gütern« – welch Poesie!

Zu diesem Herrn Adelung, der Mitte des 18. bis Anfang des 19. Jahrhunderts lebte, wäre noch zu sagen, dass er ein angesehener Lexikograph und Germanist war – weit über seine Zeit hinaus, im Grunde bis zur Gegenwart. Denn er war derjenige, der uns das »ß« einbrockte. Bereits in dem besagten Wörterbuch findet sich eine ellenlange Regel, wann »s«, »ss« oder eben »ß« zu schreiben sei. Diese Regel ging dann als »adelungsche s-Schreibung« in die deutsche Rechtschreibung ein und war so lange gültig, bis ein paar noch schlauere Germanisten meinten, sie müssten uns das Schreiben neu beibringen. Die unsägliche Rechtschreibreform von 1996 – seitdem weiß kaum noch jemand, was richtig und was falsch ist. Aber das ist ein anderes Thema.

Bei den zeitlichen Gütern in der ersten Wohnung, die ich räumte, handelte es sich vornehmlich um Antiquitäten. Deswegen war die Auftraggeberin überhaupt zu mir gekommen. Ich beschäftigte mich damals bereits mit alten Möbeln, hatte eine Markthalle in der Potsdamer Innenstadt gemietet, den historischen Kutschstall von Friedrich II., in der ich welche verkaufte, und sie war eine Kundin von mir. Eines Tages kam die Frau und erzählte, ihre Mutter sei gestorben, nun müsse deren Wohnung geräumt werden. Und mit dem nächsten Atemzug fragte sie, ob ich das nicht erledigen könne, sie würde die gut erhaltenen Jugendstilmöbel, von denen es dort einige gäbe, ungern jemand anderem anvertrauen. Dabei war ich gar nicht für solche Arbeiten ausgerüstet. Ich musste erst einmal einen Bekannten fragen, der einen größeren Transporter besaß, damit er mir half.

Die ganze Aktion betrachtete ich eigentlich mehr als einen Freundschaftsdienst, aber so fing es an. Irgendwie muss es sich herumgesprochen haben, dass der Heinicke so etwas macht. Und dann machte ich es eben. Anfangs kamen die Aufträge noch eher kleckerweise – alle zwei Monate einer oder auch mal zwei –, doch bald wurden es immer mehr.

Ich wehrte mich nicht dagegen. Selbst wenn ich das gewollt hätte, ich hätte es gar nicht gekonnt. Weil ich längst infiziert war, schon vor diesem ersten Auftrag, mit einem Bazillus, der ganz schön hartnäckig ist. Wenn der einen erwischt, wird man ihn nicht wieder los.

Schatzsuche ist wie eine Sucht. Wenn man einmal den ersten Fund gemacht hat, kann man es kaum erwarten, nach dem nächsten zu suchen, und dann wieder nach einem, und immer so weiter.

Bei Wohnungsräumungen ist das genauso. Ein einziger Fund kann das Leben verändern. Ein Bekannter von mir, der in derselben Branche tätig ist, entdeckte vor Jahren in einem Nachlass ein kleines Buch, das beim ersten Hingucken nach nichts Besonderem aussah. Es überhaupt als Buch zu bezeichnen ist eigentlich schon eine Übertreibung: Es enthielt gerade einmal achtundvierzig Seiten zwischen zwei Pappdeckeln. Da er aber ein ausgeschlafener Zeitgenosse ist und ziemlich neugierig, nahm er das Büchlein etwas genauer unter die Lupe,. Und dabei stellte er fest, dass es aus dem 18. Jahrhundert sein musste und von James Cooks Landung auf Hawaii handelte. Eine echte Rarität!

Allein diese Erkenntnis löste große Freude in ihm aus. Weil er eben einer von uns ist und solche Dinge zu schätzen weiß. Aber die Sache wurde noch besser. Nachdem er sich ein Weilchen an dem seltenen Fund ergötzt hatte, gab er ihn zu einer Auktion. Bei Auktionen weiß man nie, wie sie ausgehen. In diesem Fall schraubten sich die Gebote immer höher – und am Ende erzielte das seltene Büchlein hundertachtundvierzigtausend Euro.

Es gibt Leute, die meinen, was ich mache, sei wie Lottospielen. Das ist Quatsch. Beim Lotto kreuzt man ein paar Zahlen an, gibt einen bestimmten Betrag her – und dann hofft man und bangt, und das womöglich regelmäßig, jahre- oder jahrzehntelang – und so gut wie immer vergebens. Im Gegensatz dazu hat mein Job vor allem mit Arbeit zu tun. Gesunder Menschenverstand und etwas Fachwissen schaden ebenfalls nicht. Auf jeden Fall hilft es, wenn man altdeutsche Möbel und solche aus der Zeit des Barock oder des Jugendstils auseinanderhalten kann. Nur als Beispiel. Oder wenn man den Unterschied zwischen einer Schale aus Silber und einer, die lediglich versilbert ist, erkennt – oder ein Ölgemälde in eine bestimmte Kunstepoche einzuordnen weiß.

Je mehr Ahnung man von solchen Dingen hat, desto besser. Manchmal kommt natürlich auch Glück hinzu – wunderbar, dagegen ist nichts einzuwenden! Aber darauf verlassen würde ich mich nie. Muss ich auch gar nicht, denn eine Wohnungsräumung ist irgendwie immer eine Bereicherung, auf jeden Fall ein Abenteuer. Man weiß nie, was man findet – und meistens nicht einmal, in wessen Leben man da gerade tappt.

# Schöne Reisen

Die Frau wurde fünfundneunzig Jahre alt. Sie starb zu Hause, in dem Bett, an dessen Fußende ich jetzt stand. Ihr Tod lag zweieinhalb Wochen zurück, sie war inzwischen beerdigt worden. So viel hatte mir der Sohn erzählt, als ich mit ihm ein paar Tage zuvor das erste Mal hier gewesen war. Das Bett sah unberührt aus. Jemand hatte das Kopfkissen aufgeschüttelt, das Plumeau glattgestrichen und eine Tagesdecke darüber ausgebreitet, die zur Hälfte zurückgeschlagen war.

Diesmal hielt ich mich allein in der Wohnung auf. Nachdem wir uns über das Geschäftliche einig geworden waren, hatte mir der Sohn die Schlüssel gegeben. Doch es kam mir vor, als wäre noch jemand anwesend. Kein menschliches Wesen, das hätte ich gesehen, vielleicht aber die Seele der Verstorbenen oder ihr Geist, der unsichtbar von Zimmer zu Zimmer schwebte. Irgendwie spürte ich etwas. Wahrscheinlich war es pure Einbildung, aber das passiert mir häufiger in solchen Momenten. Es muss wohl an meiner Phantasie liegen und bestimmt auch an der Situation. Die ist jedes Mal wieder aufs Neue ... wie soll ich sagen? Gewöhnungsbedürftig.

Das Kribbeln in der Magengegend setzt meistens schon

ein, sobald ich mich auf den Weg mache, um einen neuen Auftrag in Angriff zu nehmen. Vorher gibt es immer eine Objektbegehung mit dem Kunden. Damit ich mir ein Bild machen kann, was mich erwartet, falls ich den Job bekomme. Umgekehrt ist es für den Auftraggeber sicherlich genauso wichtig, sich von mir einen Eindruck zu verschaffen. Es mag nicht sofort offensichtlich sein, aber eine Räumung ist eine recht intime Angelegenheit. Ich würde auch nicht jeden in die Wohnung meiner Mutter lassen, wenn es einmal so weit sein sollte. Wobei das nur ein Gedankenspiel ist – in unserem Fall würde sich die Frage natürlich gar nicht stellen.

Am häufigsten habe ich es mit Hinterbliebenen zu tun, die noch in der ersten Trauerphase stecken. Diese ist besonders intensiv, wie ein ausgedehnter Schockzustand. Die Leute sind tief erschüttert, was sie beinahe lähmt, wollen aber gleichzeitig zeigen, dass sie trotzdem funktionieren und stark genug sind, die Dinge zu regeln, die geregelt werden müssen. Und dabei wollen sie nichts falsch machen, sondern den Interessen des Verstorbenen gerecht werden, wie manche es ausdrücken.

Die wenigsten sind in diesem Stadium schon bereit, loszulassen, aber das ist ihnen nicht bewusst. Ihnen ist nur klar, dass es nicht anders geht, das sagt ihnen ihr Verstand. Die Wohnung eines verstorbenen Angehörigen aufzulösen, empfinden sie wie einen zweiten Abschied. Danach bleibt nicht mehr viel von der Person, die sie zu Grabe getragen haben. Im Grunde ist es nur die Erinnerung. Und der eine oder andere Gegenstand vielleicht, den sie aus deren Wohnung mitnehmen, um ihn bei sich aufzubewahren. Aber auch dabei geht es um die

Erinnerung. Selbst bei Geld oder Gold oder Immobilien oder Ländereien – was auch immer jemand hinterlassen kann – läuft es darauf hinaus, bestenfalls.

Bei einer solchen Wohnungsbesichtigung – die gleichzeitig eine Begutachtung des Inventars ist, wenn auch eine äußerst flüchtige, da Schranktüren und Schubfächer für gewöhnlich geschlossen bleiben – beschnuppert man sich also erst einmal gegenseitig. Der Auftraggeber überlegt: Kann ich diesem Menschen vertrauen? Und ich überlege: Will ich mir das wirklich antun?

Na gut, ganz so ist es nicht. Ich bin Geschäftsmann und muss zusehen, dass der Rubel rollt. Deswegen bin ich generell positiv eingestellt und tendiere eher dazu, einen Auftrag anzunehmen als ihn abzulehnen, auch wenn er keine großen Glücksmomente verspricht. Aber das kann man ohnehin nie vorher wissen. Potentiell ist jede Wohnung und jedes Haus für eine Überraschung gut. Zumindest rede ich mir das immer ein, besonders wenn zunächst einmal gar nichts darauf hinzudeuten scheint. Irgendwie muss man sich ja motivieren.

Außerdem ist da noch das Gesetz der großen Zahl. Keine Erfindung von mir, das gibt es wirklich. Ich sage nur: Stochastik – die Kunst des Vermutens, wenn man es wörtlich aus dem Lateinischen übersetzt. Lässt man das mit der Kunst beiseite, landet man bei der Mathematik: Wahrscheinlichkeitstheorie und Statistik. Mathe war nie mein Lieblingsfach, aber ein bisschen was ist doch hängengeblieben. Vereinfacht gesagt, geht es bei dem Gesetz darum, wie groß die Wahrscheinlichkeit ist, dass ein bestimmtes Ereignis eintritt. Die klassische Versuchsanordnung dafür ist: eine Münze werfen. Wie oft landet sie auf der Kopfseite, wie oft auf der Seite mit der Zahl? Und wie groß ist die Wahrscheinlichkeit, dass es mal so und mal so sein wird?

Für mein Metier interpretiere ich dieses Gesetz ganz einfach so: Wie groß ist die Wahrscheinlichkeit, dass ich bei einer Wohnungsräumung auf einen Schatz stoße, und wie oft kann ich darauf hoffen?

Die Antwort habe ich allerdings nicht am Schreibtisch mit Hilfe irgendwelcher kryptischer Formeln errechnet, in denen seltsame griechische Buchstaben vorkommen. Ich habe sie mir schlichtweg erarbeitet – mit meiner eigenen Muskelkraft. Bis ich die Antwort heraushatte, ist eine Menge Schweiß geflossen, es hat Jahre gedauert.

Aber dafür weiß ich jetzt eine bestimmte Zahl umso mehr zu schätzen, und zwar die Zehn; das ist sozusagen die Zauberzahl! Bei jeder zehnten Wohnung kann ich damit rechnen, etwas Besonderes zu entdecken, einen kleinen Hauptgewinn oder auch mal einen größeren. Im Durchschnitt gesehen natürlich, sonst könnte man die anderen neun einfach auslassen. Aber so funktioniert das eben nicht.

Früher guckten die Leute ins Telefonbuch, heute finden sie meine Nummer meistens übers Internet. Sie gehen in eine Suchmaschine, und wenn ich Glück habe, landen sie bei mir. Schwerpunktmäßig bin ich in Berlin und Brandenburg unterwegs, aber nicht nur, es kommt immer darauf an. Der erste

Kontakt findet in fast allen Fällen übers Telefon statt. Der zweite ist dann die persönliche Begegnung, sinnvollerweise gleich vor Ort. Dabei ist es hilfreich, sich von vornherein darüber im Klaren zu sein, dass man – wie im Leben überhaupt – nicht alles haben kann, also auch nicht jeden Auftrag.

Aus Erfahrung weiß ich, dass einem diese Erkenntnis eine gewisse Lockerheit verleiht. Das ist eine ziemlich wichtige Voraussetzung für Preisverhandlungen, weil man das irgendwie ausstrahlt, selbst wenn es einem selbst gar nicht so bewusst ist. Mit Euro-Zeichen im Blick kommt man bei solchen Terminen jedenfalls nicht weit. Trauernde durchleben eine extrem sensible Phase. Auch wenn sie jemandem die Gier vielleicht nicht gleich ansehen, spüren werden sie sie garantiert. Da kann man sich noch so gut verstellen.

Damit will ich nicht gesagt haben, dass man bei Verhandlungsgesprächen gänzlich ohne Taktik auskommt. Grundsätzlich bin ich dafür, authentisch zu bleiben und sich nicht zu verbiegen, schon allein, weil es besser für die Haltung ist. Man muss es damit aber auch nicht übertreiben. Schließlich nützt es mir nichts, wenn ich mich vor Begeisterung fast zerreiße, nur weil ich in der Wohnung, über deren Räumung ich gerade verhandele, ein hübsches antikes Stück stehen sehe. So was treibt nur den Preis in die Höhe. Man kann sich ebenso gut im Stillen freuen, das macht die Sache um keinen Deut schlechter.

Sicherheitshalber habe ich mir für solche Fälle eine Euphoriebremse zugelegt. Denn eins darf man nicht vergessen: Zwar ist mein Beruf ein Dienst am Menschen und eine, wie ich finde, höchst ehrenwerte Aufgabe, aber er muss auch Geld einbringen. Ich kann mein kleines Unternehmen nicht führen wie einen gemeinnützigen Verein, dem es untersagt ist, Profit zu machen. Ich habe Familie – Frau und Kinder.

Das Finanzielle ist immer der schwierigste Punkt in dieser Situation, ich glaube, für beide Seiten. Um zu verstehen, warum, muss man wissen, dass es zwei Arten von Wohnungsauflösung gibt. Für die eine werde ich bezahlt, für die andere muss ich selbst Geld auf den Tisch legen. Letzteres klingt erst einmal paradox, zumal ich auch in solchen Fällen derjenige bin, der die Arbeit an der Backe hat.

Am besten, ich fange gleich mit der zweiten Variante an. Die betrifft Wohnungen oder Häuser, in denen sich Verwertbares finden lässt, und zwar so viel, dass man es auch als Ankauf eines Nachlasses betrachten könnte. Nur dass ich die unbrauchbaren Sachen gleich mit verschwinden lasse und am Ende auch noch für eine besenreine Übergabe der Räumlichkeiten sorge. Dadurch verringert sich praktischerweise der Preis für mich. Das eine wird mit dem anderen gegengerechnet. Dabei geht es nicht nur um meine Arbeitsleistung, um Stundenlohn, Anfahrtskosten, Materialeinsatz und so etwas. Denn wenn zum Beispiel Müll anfällt – und der fällt ausnahmslos immer an –, muss der ja irgendwohin. Da ich ihn schlecht in einen Wald kippen oder in der Spree versenken kann – schon aus Überzeugung nicht, wo kämen wir da hin? –, bleibt mir nichts anderes übrig, als ihn regulär zu entsorgen. Und regulär kostet. Rund hundertsechzig Euro pro Tonne, die man loswerden will, plus Mehrwertsteuer. Und man glaubt gar nicht, wie schnell man so eine Tonne zusammen hat.

Eigentlich müsste man das Gegenrechnen treffender als Gegenschätzen bezeichnen, weil jedes Mal eine gehörige Portion Spekulation dabei ist. Nicht im formaljuristischen Sinne, aber für mich schon. Denn der Preis beziehungsweise das Honorar wird mit dem Auftraggeber ausgehandelt, bevor ich an die Arbeit gehe. Und wie schon beschrieben, kann ich mir bis zu diesem Zeitpunkt höchstens einen groben Überblick verschaffen, was sich alles in der Wohnung befindet. Selbst wenn man die Türen der Schränke öffnet, sieht man meistens nur, was vorn steht, nicht jedoch, was sonst noch drin ist. Man kann sich auch schwer ein Urteil über den Zustand der Gegenstände bilden. Manches sieht auf den ersten Blick topgepflegt aus, zerbröselt einem aber förmlich zwischen den Fingern, kaum dass man es berührt. Irgendwie muss man das alles versuchen mit einzukalkulieren.

Da die Summe, auf die man sich einigt, normalerweise umgehend fällig wird, bin ich derjenige, der erst einmal voll ins Risiko geht. Ob ich die Sachen hinterher zu einem adäquaten Preis loswerde, ist dann allein mein Problem. Man kann sich dabei leicht vertun, auch heute noch passiert mir das manchmal. Obwohl ich mir einbilde, einen ganz guten Überblick über den Markt für Antiquitäten und alle möglichen Trödelsachen zu haben. Schlimmstenfalls bleibe ich auf manchen Stücken sitzen, das kommt vor. Aber gut, dann soll das so sein, deswegen mache ich mich nicht verrückt.

Allerdings – das will ich nicht verschweigen – besteht ebenso gut die Möglichkeit, dass ich mich zu meinen Gunsten verschätze und hinterher einen hübschen Gewinn einstreiche, den ich nicht einkalkuliert hatte und mit dem auch gar nicht zu rechnen war. Wahrscheinlich hält es sich die Waage – mal zahlt man drauf, mal gibt's einen Bonus. Im Leben gleicht sich alles aus, früher oder später, davon bin ich überzeugt.

Aber noch ein Wort zur ersten Variante, zu den Räumungen, die ich bezahlt bekomme. Dabei geht es vor allem um Wohnungen, in denen es nichts zu holen gibt, zumindest auf den ersten Blick. Wo mein Auftrag darin besteht, alle Räume und – falls vorhanden – Kellerverschläge und Dachböden zu entrümpeln. Doch selbst in solchen Fällen erlebt man immer wieder Überraschungen. Häufig sind das sogar die spannenderen Objekte. Sie wecken den Schatzsucher-Instinkt in mir. Wer so etwas einmal miterlebt hat und ein bisschen interessiert ist an dieser Welt, der versteht, was ich meine. Manchmal handelt es sich nur um ein unscheinbares Nähkästchen, in dem sich ein paar Häkelnadeln aus Elfenbein verbergen oder alte Knöpfe aus Perlmutt oder Kragenstäbchen, die aus Fischbein gefertigt wurden und das vor hundert Jahren oder so. Solche Dinge findet man nur noch äußerst selten. Wer weiß heutzutage überhaupt noch, was Fischbein ist?

Nun sind Nähkästchen nicht unbedingt der allerletzte Schrei. Meistens verstauben sie vergessen in der hintersten Ecke einer Kammer und wandern bei Räumungen schnell in den Müll. Allerdings nicht, wenn ich am Werk bin. Ich gucke immer, ob ich irgendwo so ein Nähkästchen entdecke, und dann nehme ich mir jedes Fach einzeln vor, ganz in Ruhe.

Manchmal stelle ich mir dabei ein älteres Ehepaar vor, das schon lange zusammenlebt. Wo hätte die Frau etwas vor ihrem Mann verstecken können? In einer normalen Zwei- oder Dreizimmerwohnung sind die Möglichkeiten dafür recht beschränkt. Der Vorteil von Nähkästchen liegt vor allem darin, dass Männer sie für absoluten Weiberkram halten. Ein solches Teil rühren sie selbst dann nicht an, wenn es mitten im Zimmer steht und sie fast darüber stolpern.

In Nähkästchen habe ich schon alles Mögliche gefunden, was da eigentlich nicht reingehört. Liebesbriefe von einem heimlichen Verehrer zum Beispiel, die unter einer Batterie Garnrollen versteckt waren. Einmal war es auch Schmuck, zwei alte Broschen, die ihre Besitzerin sorgfältig in kleine Stoffreste eingewickelt und in einer kleinen Blechdose verstaut hatte. Die war ursprünglich für Stecknadeln gedacht gewesen, so stand es außen noch dran.

Solche Funde regen meine Phantasie an, und ich denke mir dann meistens irgendeine Geschichte dazu aus. Es muss ja einen Grund dafür gegeben haben, warum jemand bestimmte Dinge geheim hielt und vor seinem Partner versteckte. Und falls das tatsächlich so war, was sagt das über das Verhältnis der beiden aus, über ihre Ehe?

Natürlich weiß ich nie, ob es stimmt, was ich mir da zusammenreime, aber das ist letztlich auch gar nicht wichtig. Mir geht es vielmehr um die Gedanken, die einem dabei noch so kommen. Oft fragt man sich dann nämlich: Wie verhält sich das eigentlich bei dir? Und man fängt an, über sein eigenes Leben nachzudenken oder über das Leben als solches. Die große Frage nach dem Sinn oder die etwas kleinere – nach dem Platz, den man in diesem Koordinatensystem für sich selber sucht. In so einem Moment dient das Leben der anderen als Spiegel für das eigene. Wobei das nicht jedes Mal funktioniert, das wäre auch ein bisschen anstrengend. Es hängt immer von der Tagesform ab – und von dem, was man so aufstöbert.

Womit ich wieder bei der Wohnung der verstorbenen Frau vom Anfang wäre. Sie befand sich in einem zehngeschossigen Betonklotz am Landwehrkanal. Ein Bau aus den sechziger Jahren, mit Müllschluckern im Treppenflur. Ich weiß noch, wie ich ein stilles Stoßgebet gen Himmel schickte, als ich zur ersten Besichtigung mit dem Sohn kam und das Haus sah: »Bloß nicht nach ganz oben! Und bitte nicht in den neunten Stock – und nicht in den achten …!«

Nicht, dass ich etwas gegen eine gute Aussicht einzuwenden hätte, im Gegenteil. Aber wenn ich in solchen Gebäuden arbeiten muss, sind mir die unteren Etagen einfach sympathischer. Man weiß nie, ob der Fahrstuhl funktioniert, und selbst wenn, ist er von der Größe her für meine Zwecke oft unbrauchbar.

Offenbar wurde mein Flehen erhört; der dritte Stock war's. Drei Zimmer, offene Küche, Diele und Bad. Dazu ein Balkon, auf dem man sich nicht gerade verlaufen konnte, der aber einen schönen Blick aufs Wasser bot – und auf die gegenüberliegenden Häuser, eine einzige Betonwand. Alle Räume zusammen nahmen eine Fläche von ungefähr neunzig Quadratmetern ein. Der Boden war überall mit dunkelblauem Teppich ausgelegt, außer im Bad und in der Küche, da waren

Fliesen, beigefarben, mit Einschlag ins Bräunliche. Ein ähnlicher Farbton fand sich an den Wänden der anderen Zimmer wieder, nur dass es sich dort um Tapete handelte. Als ich im Wohnzimmer ein Bild abnahm, das über dem Sofa hing, blieb ein deutlich helleres, fast weißes Rechteck an der Wand zurück. Die letzten Malerarbeiten mussten Jahre zurückliegen.

Irgendwie wirkte die ganze Wohnung, als sei darin schon seit geraumer Zeit nur noch das Allernötigste getan worden. Wahrscheinlich ist das völlig normal, hat man erst einmal die neunzig überschritten. Nicht nur, weil einem selbst jeder Handgriff zunehmend schwerer fällt. Bestimmt spielt auch der Gedanke eine Rolle, es lohne sich eh nicht mehr. Wozu noch Geld für neue Tapete und Maler rauswerfen, wenn man ohnehin damit rechnet, bald abberufen zu werden?

Nachvollziehen kann ich solche Gedanken. Ob es allerdings für mich die richtige Lösung wäre – also, ich weiß nicht. Das ist ja so, als würde man jeden Tag auf seinen eigenen Tod warten. Da könnte ich mir etwas Schöneres vorstellen, ein bisschen mehr Lebensfreude. Aber mit der Last der Tage jenseits der neunzig sieht man das womöglich ganz anders.

Während ich mich also in der Wohnung der alten Dame umschaute, machte ich mir so meine Gedanken. Es genügte ein kleiner Impuls, und schon ratterte es in meinem Oberstübchen. Im Esszimmer zum Beispiel stieß ich auf einen klobigen Sessel, speziell für Senioren gemacht. Schwarzes Leder, hohe Sitzfläche, Motor, Kabel-Fernbedienung, Seitenfach für Zeitschriften, elektrische Aufstehhilfe – und das alles in einem völlig ästhetikfreien Design. Ich weiß nicht, wie viele solcher Sitzmöbel mir bei Räumungen bislang untergekommen sind, aber es waren nicht wenige.

Ein typisches Geschenk zum Geburtstag oder zu Weihnachten. Die erwachsenen Kinder legen zusammen, damit Mutter oder Vater es vorm Fernseher schön bequem haben. Komischerweise habe ich noch nie eine Wohnung erlebt, in der zwei davon standen. Und dort, wo es einen gab, wurde er offenbar so gut wie nie benutzt. Die meisten sahen aus wie neu, dieser hier übrigens auch.

Das finde ich auch überhaupt nicht verwunderlich, denn alten Leuten müssen diese Monster geradezu unheimlich erscheinen. Nicht nur ihrer äußeren Form wegen, obwohl die schon schwer zu ertragen ist. Aber noch abschreckender wirkt vermutlich die eingebaute Technik. Ein Knopfdruck – und plötzlich fängt die Erde an zu beben. Jedenfalls dürfte es manchen so vorkommen. Es ist zwar ein recht gemächliches Beben, aber im Alter hat man ein anderes Gefühl für Geschwindigkeit. Ehe man sich versieht, schiebt der Stuhl den Körper in eine Position, die er freiwillig kaum einnehmen würde. Vor lauter Panik findet man die Stopptaste nicht oder verwechselt sie mit einer anderen. Dann dröhnt womöglich sogar noch Musik aus dem Sitz, und wenn alles schiefläuft, liegen die Beine auf einmal höher als der Kopf.

Ich übertreibe? Mag sein, aber das glaube ich erst, wenn mir jemand begegnet, der mit einem solchen Wohnzimmer-Ufo seine glücklichsten Tage erlebt hat.

Die Frau hatte zusammen mit ihrem Mann in der Wohnung gelebt. Er war fünf Jahre vor ihr gestorben. Im Schlafzimmer standen zwei große Schränke. Einer davon war komplett mit Kleidungsstücken gefüllt, die ihm gehört haben mussten. Anscheinend hatte sie nichts weggeworfen. Auf der Stange hing eine stattliche Sammlung von Anzügen, Konfektionsgröße 52. Nicht die edelsten Modelle, aber auch keine schlechten Stoffe, alle gut verarbeitet. Und manche so alt, dass sie fast schon wieder modisch waren.

In dem Fach darüber lagen Hemden und Pullover, einige noch originalverpackt, in Plastikfolie eingeschweißt. Vielleicht waren das die letzten Geschenke gewesen, die er vor seinem Tod erhalten hatte. Oder die Sachen hatten ihm nicht gefallen, und er konnte es nicht über sich bringen, sie wegzugeben.

Der zweite Schrank war fast doppelt so groß und um einiges voller. Kein Kubikzentimeter Stauraum, der nicht genutzt worden wäre. Da blieb nicht einmal Platz für Motten. Alles Frauenkleidung, dazu Schuhe, Taschen, Accessoires – eine bunte Mischung aus den letzten fünfzig, sechzig Jahren. Das ist typisch für diese Generation. Ehe die Leute etwas entsorgen oder in die Altkleidersammlung geben, kaufen sie lieber einen neuen Schrank, einen größeren oder einen zweiten.

»Die Sachen sind doch noch in Ordnung!« …

»Vielleicht kann man das irgendwann wieder tragen.« …

»Um Gottes willen, das gute Stück war teuer!«

Solche Sätze fallen dann immer. Und am Ende sieht es in der Wohnung aus wie in einem kleinen Privatmuseum zum Thema Modegeschmack im Wandel der Zeiten.

Allerdings glaube ich nicht, dass dieser Aufbewahrungstick allein darauf zurückzuführen ist, dass die Leute Not gelitten und Zeiten überstanden haben, in denen sie sich nichts leisten konnten. Bei vielen sind es sicher auch schöne Erinnerungen, die sie auf diese Weise konservieren. »Das Kleid auf dem Foto, siehst du, dieses da, mit den Blumen, das habe ich mir damals in Italien gekauft, weißt du noch? Unser erster Familienurlaub. Es hängt drüben im Schrank. Sehr schöner Stoff, sieht noch aus wie neu.« Etwa so in der Art. Ein hübsches Kleid oder ein schicker Mantel quasi als Synonym für Glücksmomente oder Wohlstand oder beides: Uns ging es gut. Wir hatten schöne Zeiten.

Im Fall der alten Dame müsste ich mich schwer täuschen, wenn es nicht so war. Seidenkleider, Kaschmirmäntel, sogar ein echter Pelz hing dort. Weiter hinten entdeckte ich einen Karton mit Lederhandschuhen, fünfzehn oder sechzehn Paar. Und auch für Handtaschen hatte die Frau offenbar ein Faible gehabt. Beim Ausräumen des Schlafzimmers sammelte sich eine ansprechende Kollektion an. Durch die Bank Designerstücke: Chanel, Louis Vuitton, Gucci, Burberry – alle echt und alle bestens gepflegt. Die ältesten stammten aus den sechziger Jahren. Schon damals kosteten die richtig Geld, und heute sind sie durchaus wieder gefragt. Mit ein bisschen Glück findet man Liebhaber, die dafür tausend Euro hinlegen. Es kommt natürlich immer auf den Zustand der Tasche an und auf das Modell.

Obwohl der Schrank zum Bersten gefüllt war, wirkte er keineswegs unaufgeräumt. Die Frau schien alles einer bestimmten Systematik folgend einsortiert zu haben – bis zuletzt. Am deutlichsten war das in dem Bereich zu erkennen, wo die Schuhe standen. Jedes Paar steckte in einem Karton, der außen auf der Stirnseite beschriftet war. »Italienische – braun, Wildleder«, stand auf einem und auf dem daneben: »schwarz, Lack«. Kartons, auf denen keine Abbildungen von den jeweiligen Schuhen klebten, hatte sie mit zusätzlichen Informationen versehen. Da hieß es beispielsweise: »Pumps, dkl.-blau, silberne Schnalle«. Das gleiche Modell, nur in »dkl.-rot«, hatte sie auch mit goldener Schnalle besessen. Die Schuhgröße variierte zwischen 39 und 39½.

Je mehr von ihren persönlichen Gegenständen ich in die Hand nahm, desto konkreter wurde das Bild, dass ich mir von der Verstorbenen machte. Man könnte meinen, das sei ein Hobby von mir, dabei passiert das ganz automatisch. Ich müsste mich schon stark mit anderen Gedanken ablenken, um es zu verhindern. Aber man setzt sich ja auch nicht ins Kino, um dort die ganze Zeit die Augen zuzumachen.

Mich hätte interessiert, was sie und ihr Mann beruflich getan hatten, ob nur er arbeiten ging oder auch sie? Doch nach solchen Sachen frage ich nicht. Manchmal rücken Hinterbliebene von allein damit heraus. Wenn nicht, denke ich, dass sie denken: Das geht ihn nichts an. Und damit kann ich gut leben.

An Geld schien es dem Ehepaar jedenfalls nicht gemangelt zu haben. Nicht nur der vielen Kleidung und der teuren Taschen wegen. Auch die Schrankwand im Wohnzimmer deutete darauf hin. Ein skandinavisches Fabrikat aus den sechziger Jahren. Dem heutigen Geschmack entsprach es nicht mehr unbedingt, doch damals waren solche Modelle ziemlich gefragt. Allerdings konnte sich so etwas nicht jeder leisten. Echtes Holz und beste Handwerksqualität, das schlug sich im Preis nieder. Wie gut die Materialien verarbeitet waren, erkannte man am besten an den Schubfächern und an den Scharnieren, die die Türen hielten. Beides funktionierte tadellos, nach so vielen Jahren noch. Besonders die Schubfächer – sie liefen wie auf Butter. Ein wahrer Genuss, sie auf- und zuzumachen! Nicht zu vergleichen mit dem, womit man sich heutzutage manchmal herumärgern muss.

Ein anderer verlässlicher Gradmesser für Qualität sind Schweißtropfen. Je mehr ich davon vergieße, um einen Schrank in Kleinholz zu verwandeln, desto hochwertiger war er gearbeitet. Es gibt Modelle, die stehen gerade einmal zwei Wochen in einer Wohnung, sind also noch völlig jungfräulich, und trotzdem genügt ein mittelfester Fußtritt, um ihnen zu einer völlig neuen Form zu verhelfen – platzsparend und transportfreundlich. Andere Schränke dagegen scheinen für die Ewigkeit gebaut worden zu sein. Bei denen muss ich mich richtig quälen. Häufig sind darunter sogar welche, die aus grauen DDR-Zeiten stammen. Planwirtschaft sage ich nur, da sollte ein Schrank möglichst fürs ganze Leben reichen.

Zu so einer rabiaten Methode greife ich natürlich nur im äußersten Notfall. Wenn ich weiß, dass ich die Möbelstücke nirgends und bei niemandem loswerde. Dann wandern sie auf direktem Weg in eine Gebrauchtholzaufbereitungsanlage am Stadtrand von Berlin.

Gebrauchtholzaufbereitungsanlage.

Ein herrlicher Begriff! Wenn man das Wort hört, könnte man fast meinen, dem Holz würde ein zweites Leben geschenkt. Oder ein drittes, denn vorher war es ja schon ein Baum. Dabei macht die riesige Maschine nichts anderes, als es in Kleinstteile zu zerschreddern, bevor es, ein paar Meter weiter die Spree entlang, durch den Schornstein eines Heizkraftwerks gejagt wird.

Dieses Schicksal blieb dem gediegenen Wohnzimmerschrank erspart. Ausräumen musste ich ihn allerdings trotzdem. Alte Bankunterlagen und Kontoauszüge, die sich im unteren Teil befanden, landeten sofort in einem Reißwolf. Darum hatte mich der Sohn gebeten. In solchen Dingen bin ich eisern − nicht einen einzigen Blick warf ich auf die Papiere. Vertrauen gegen Vertrauen, anders geht das nicht. Sonst käme ich mir auch schäbig vor.

Weiter oben am Schrank befanden sich Schubfächer, drei nebeneinander. Eins davon war bis zum Rand mit gehäkelten und gestrickten Deckchen gefüllt − noch so etwas Charakteristisches für diese Generation. Man findet kaum einen Haushalt, in dem es diese Teile nicht gäbe, bevorzugt in Weiß oder Beige, oft in endlosen Stunden abends vorm Fernseher selbst gemacht.

Auf dem Fernseher landeten Mutters Deckchen dann meistens auch; damals waren das ja noch richtige Kaventsmänner. Aber genauso gern wurden damit die offenen Fächer der

Schrankwand dekoriert, die Anrichte im Flur oder der Couchtisch, dort als Unterlage für die obligatorische Kristallschale.

Heute sieht man beides eher selten, doch irgendwie scheinen die Leute sehr an diesen Deckchen zu hängen. Jedenfalls heben sie sie auf bis zum Sankt-Nimmerleinstag.

Unter diesem Wust aus Wolle und Häkelgarn, auf dem Boden des Schubfachs, kam ein Goldrahmen im Postkartenformat zum Vorschein. Er lag mit dem Foto nach unten, so dass ich ihn erst umdrehen musste: Abgebildet waren ein Mann und eine Frau, die an einem runden Tisch saßen. Der Mann trug einen schwarzen Anzug, darunter ein hellgelbes Hemd und eine dunkle Krawatte. Die Frau neben ihm war mit einem braunen Rock und einer beigefarbenen Rüschenbluse bekleidet, die sie bis zum obersten Knopf geschlossen hatte. Das verlieh ihr etwas beinahe Majestätisches. Aber vielleicht entstand dieser Eindruck auch durch ihre Frisur. Sie hatte das silbergraue Haar auf eine Weise hochgesteckt, dass es streng und zugleich elegant aussah.

Die beiden Gestalten auf dem Foto waren nicht mehr jung – um die siebzig vielleicht. Der Tisch vor ihnen war mit Kaffeegeschirr gedeckt, das auf einem weißen Tischtuch stand, auf den Tellern Plätzchen und Marmorkuchen. Die Einrichtungsgegenstände um sie herum kamen mir fast schon vertraut vor. Trotzdem ließ ich meinen Blick einmal durchs Zimmer schweifen. Und: Ich irrte mich nicht, das Foto musste hier geschossen worden sein. Die gepolsterten Stühle, der flache runde Tisch, der mir gerade bis zum Knie reichte, der Sekretär an der Wand, das kleine, etwas düstere Ölgemälde dar über – selbst die Tapete schien die gleiche zu sein, wobei ich mich dafür nicht verbürgt hätte.

Ich musste nicht lange rätseln, wer die Personen auf dem Foto waren: die Verstorbene und ihr Ehemann. Das weiß ich auch deshalb so genau, weil ich einen Moment später im oberen Teil des Schranks einen Stapel Fotoalben fand. In jedem war eine Urlaubsreise dokumentiert, die die Eheleute gemeinsam unternommen hatten.

Falls es noch eines Beweises bedurft hätte, dass die zwei finanziell offenbar recht komfortabel ausgestattet gewesen waren, dann hatte ich ihn gerade in der Hand. Zumindest für die siebziger Jahre konnte man das sagen, denn aus dieser Zeit stammten die Alben. Es schien, als hätten sie die meisten ihrer Reisen auf einem Kreuzfahrtschiff unternommen, und zwar immer auf der MS Europa. Das war meines Wissens zu der Zeit einer der nobelsten unter den deutschen Passagierdampfern, die Luxuskategorie. Wirft man einen Blick auf die Gala-Büfett-Karte, die sie in eins der Alben geklebt hatten, ist man davon auch sofort überzeugt:

*Original Beluga Malossol Kaviar auf Eisblock mit Toast und Butter*
*Shrimps Louisiana*
*Hummer und Languste Bellevue*
*Straßburger Gänseleberpastete mit Madeiragelee*
*Kalbsrücken Richemont*
*Glasierter Kasseler Rippenspeer mit kandiertem Ingwer*
*Pökelochsenzunge in Cumberlandsauce …*

Und das ist nicht einmal die Hälfte von dem, was den Passagieren an Bord kredenzt worden war.

Mal schipperten die beiden auf einer Afrika-Route von Genua an Marokko vorbei nach Las Palmas, weiter mit Stopps in Dakar, Freetown, Tema und Cotonou bis nach Lomé, der Hauptstadt von Togo. Dann wieder hatten sie eine Orient-Levante-Kreuzfahrt gebucht, mit Landgängen in La Valletta, Alexandria, Beirut, Mykonos, Piräus und Capri. Um im Jahr darauf von Bremerhaven aus die westeuropäische Küste bis nach Casablanca abzufahren. Alle Stationen waren in den Alben anhand von Fotos und Postkarten dokumentiert, sorgfältig mit Fotoecken auf die schwarzen Seiten geklebt und jedes Motiv handschriftlich kommentiert mit einem weiß schreibenden Stift.

Auf seinen Reisen hatte sich das Ehepaar anscheinend gern feierfreudige Gesellschaft gesucht. Bei über achthundert Passagieren – auch diese Zahl hatten sie vermerkt – sollte das nicht allzu schwierig gewesen sein; auf See kann ja niemand weg. Jedenfalls gab es Unmengen von Fotos, die die zwei entweder tanzend oder in feuchtfröhlicher Runde an einem großen Tisch zeigten, auf dem Wein- und Sektflaschen und viele Gläser bunt durcheinander standen.

Als ich später in einem Schubfach im Küchenschrank einen Sektquirl entdeckte, musste ich gleich an diese Bilder denken. Bestimmt hatte jede der Damen einen Sektquirl in ihrer Handtasche gehabt. Diese kleinen Helfer gehörten damals zur feinen Gesellschaft. Sie wurden benutzt, wenn Sekt oder

Champagner im Glas stärker moussierten, als das der Magen der Damen vertrug. Damit wurde die überschüssige Kohlensäure herausgerührt.

Inzwischen sind Sektquirle längst aus der Mode gekommen. Man muss schon wissen, wie sie aussehen, damit man sie bei einer Räumung nicht ignoriert. Das kann verflixt schnell passieren, da sie kaum dicker sind als eine Stricknadel, und mit sieben bis zehn Zentimetern Länge – je nach Ausführung – sogar deutlich kürzer. Außerdem sehen sie nicht aus wie ein Quirl. Dazu werden sie erst, wenn man die feinen Drähte, die sich in der dünnen Röhre verbergen, am vorderen Ende herausschiebt. Einen solchen Sektquirl zu übersehen wäre sehr schade, denn die meisten wurden aus wertvollen Materialen gefertigt – Silber, Gold, Elfenbein. Und es gibt einige Sammler, die ganz vernarrt sind in diese Dinger und sich das einiges kosten lassen.

Ich blätterte noch mehr Alben durch und stieß auf Spuren einer Reise, die sie nicht mit einem Schiff unternommen hatten – und zwar 1978. Es ging nach Elba, diesmal mit dem Flugzeug ab Berlin-Tegel. Außergewöhnlich war, dass von diesem Urlaub nicht nur etliche Fotos die Jahre überdauert hatten, sondern auch sämtliche Buchungsunterlagen, inklusive der Rechnung vom Reisebüro: Hin- und Rückflug, vierzehn Tage Hotelunterbringung inklusive Frühstück, Doppelzimmer mit Dusch- oder Wannenbad und WC. Das Ganze zum »Maxi-Preis« – so stand es dort – von zweitausenddreihundert Mark pro Person. Plus jeweils fünfzig Mark Flugzuschlag, womit sich der Gesamtbetrag auf viertausendsiebenhundert Mark belief. Ein ziemlich stolzes Sümmchen für diese Zeit.

Das hätte ich mir damals nicht leisten können, aber ich wäre auch gar nicht in Versuchung geraten. Erstens fehlte mir die richtige Währung und zweitens lebte ich im falschen Land. Ich fürchte, dass ich nicht einmal wusste, dass es eine Insel namens Elba gibt und wo genau die liegen könnte. Die Seiten im Schulatlas, auf denen sie als kleiner Fleck im Wasser zu sehen war, muss unsere Erdkundelehrerin etwas stiefmütterlich behandelt haben. Ich kann mich jedenfalls nicht erinnern, jemals gehört zu haben, wie sie uns von weißen Sandstränden und blauem Meer vorschwärmte. Wahrscheinlich hatte sie selbst keine Ahnung davon.

Die Fotos in der Wohnung wirkten wie eine Verbindungstreppe zwischen Vergangenheit und Gegenwart. Auch für mich. Man stößt auf eine bestimmte Jahreszahl, die unter einer der Aufnahmen steht, und schon fragt man sich: Was hast du eigentlich zu der Zeit gemacht? Besonders wenn es um ein Jahr geht, das ewig zurückliegt. 1978 etwa, als das Pärchen auf Elba war. Damals war ich ein junger Spund, siebenundzwanzig, mein Gott! Ich lebte in Potsdam und war nicht unglücklich − oder die unglücklichen Momente haben sich aus meinem Gedächtnis verflüchtigt. Allerdings hatte ich auch schon eine ganze Reihe Irrwege hinter mir. Aber das tut hier noch nichts zur Sache.

Im Fall der verstorbenen Frau lag die Verbindung zwischen Vergangenheit und Zukunft zum Beispiel in einem Foto, das

ich im nächsten Album fand. Ich erkannte darauf den Pelz-
mantel wieder, der mir schon im Schlafzimmerschrank aufgefallen war. Die Aufnahme datierte aus dem Februar 1976. Sie
zeigte die Frau mit ihrem Mann bei den Olympischen Win-
terspielen in Innsbruck. Das waren die Spiele, bei denen Rosi
Mittermeier zwei Goldmedaillen gewann und um ein Haar
sogar noch die dritte geholt hätte. Nur einen Wimpernschlag
schneller, und es wäre ihre gewesen.

Sicher hätte ich noch eine ganze Anzahl von Kleidungsstücken aus dem Schrank irgendwelchen Fotos zuordnen können
und damit bestimmten Ereignissen oder einem bestimmten
Zeitraum. In vielen Fällen wäre das vermutlich auf den Tag
genau gelungen, so sorgfältig, wie die Frau die Bilder beschriftet hatte. Das hätte ein nettes Spielchen sein können, eine Art
Memory – Original und Abbildung, aber das war nicht mein
Auftrag. Alles hat seine Grenzen. Sonst würde ich heute noch
in der Wohnung hocken und mich durch die Requisiten ihres
Lebens puzzeln.


Der Gedanke mit dem Puzzle ist mir eben erst gekommen.
Ich glaube, das trifft es ziemlich gut: Man setzt Teile zusammen, die am Ende ein Bild ergeben. Natürlich wird das in den
seltensten Fällen komplett. Irgendwelche Teile fehlen so gut
wie immer, entweder weil sie dem Verstorbenen schon zu
Lebzeiten verlorengegangen sind oder weil nach seinem Tod
die Hinterbliebenen anrückten, um sich aus dem Nachlass die
Rosinen herauszupicken.

Manchmal ist das echt ärgerlich. Nicht, dass ich die Leute

nicht verstünde, es ist ja ihr gutes Recht. Trotzdem: Es kommt auf den richtigen Zeitpunkt an. Sie können nicht erst jemanden wie mich durch die Wohnung schleusen, mit ihm einen Preis aushandeln und sich hinterher still und heimlich daran machen, alles, was ihnen plötzlich doch noch halbwegs brauchbar oder wertvoll erscheint, selbst auszuräumen. Das ist gerade so, als würde mir ein Autohändler einen funktionstüchtigen Wagen verkaufen, der – nachdem ich das Geld überwiesen habe und ihn abholen will – von seinen vier Rädern auf einmal nur noch zwei dranhat.

Deshalb sage ich den Auftraggebern immer, sie sollen sich vorher gründlich überlegen, was sie aus der Wohnung noch haben wollen. Nach Vertragsabschluss muss alles drinbleiben, andernfalls wird nachverhandelt. Oder ich breche die Arbeit ab. Das ist auch schon vorgekommen, allerdings selten.

Trauernde verdienen Nachsicht, keine Frage. Der Schmerz kann einen ganz schön aus der Spur werfen. Ich bin der Letzte, der dafür kein Verständnis hätte. Trotzdem muss das Geschäft fair bleiben. Ich kann einen Kunden, für den ich einen Haushalt auflöse, auch nicht sitzenlassen, nur weil die vom öffentlichen Dienst vielleicht gerade streiken und deswegen die Kippen geschlossen sind. Wenn ich sage, zu dem und dem Termin wird der Auftrag erledigt sein, dann ist das auch so – da können alle Kippen in der Republik geschlossen sein. Muss ich mir halt etwas einfallen lassen.

Die Chance, ein Puzzle komplett zusammengesetzt zu bekommen, ist zweifellos immer dann am größten, wenn mir eine Wohnung unberührt übergeben wird – also höchst selten.

Aber ein bestimmter Ausschnitt des Gesamtbildes, sozusagen eine Ecke des Puzzles, kann auch schon ganz spannend sein. Und dafür reicht es wiederum relativ häufig.

Die Wohnung der Frau fiel ganz klar in diese Kategorie. Erst waren es nur die Alben und die Kleidung, doch dann entdeckte ich in einem Stapel Unterlagen alte Schulzeugnisse. Das erste in der Mappe stammte aus dem Schuljahr 1923/24, das letzte war 1929/30 ausgestellt worden. Demnach war sie eine durchschnittliche Schülerin gewesen. In den meisten Fächern hatte sie eine Drei. Nur in Nadelarbeit war sie nie über eine Vier hinausgekommen. Dann wird sie die Deckchen im Wohnzimmerschrank wohl nicht selbst gemacht haben. Die Einschätzung ihres Betragens wechselte zwischen »gut« und »ziemlich gut«. Mit der Aufmerksamkeit haperte es bei ihr, vor allem in der fünften Klasse: »nicht immer genügend«, hieß es da. Doch ein Fach stach in jedem Schuljahr heraus: Erdkunde. Meistens hatte sie eine Eins darin, ab und zu mal eine Zwei, aber selten.

Nun könnte man es für reinen Zufall halten, dass sich unter den Büchern in der Schrankwand auffallend viele Atlanten befanden, das älteste Exemplar aus dem Jahr 1936. Für mich jedoch stellte sich das anders dar: Das frühe Interesse an Erdkunde, die Sammlung von Atlanten und die häufigen Reisen später, teilweise zu recht exotischen Zielen, auf jeden Fall für die damalige Zeit – das waren für mich Puzzleteile, die perfekt ineinanderpassten. Sicher stellten sie nur einen Teil des gesamten Bildes dar, aber ich könnte mir vorstellen, dass die Frau recht zufrieden war mit ihrem Leben.

Als ich einem Bekannten von den Zeugnissen erzählte –
welche aus den zwanziger Jahren bekommt man nun wirklich
nicht oft in die Hände –, wunderte er sich und fragte, warum
die Hinterbliebenen so etwas nicht aufbewahren wollten.

»Was sollen sie damit anfangen?«, lautete meine Gegen-
frage.

»Keine Ahnung, einfach nur aufheben«, meinte er.

»Aber warum?«

»Dieses Zeugnis, davon gibt's dann bestimmt kein einziges
Exemplar mehr – nirgends.«

»Völlig richtig, und?«

»Ich meine ja bloß. Außerdem sind das doch sehr persönliche Sachen.«

»Findest du?«

Ein Schulterzucken seinerseits.

Daraufhin fragte ich: »Sind sie wirklich so persönlich, wenn
es die Person, der sie gehörten, gar nicht mehr gibt?«

Er sah mich nachdenklich an, auch ein bisschen enttäuscht,
wie mir schien. Als hätte er eine andere Erklärung lieber gehört.

Ich kenne diese Art von Fragen. Sie werden mir häufiger
gestellt. Allerdings nur von Personen, die beruflich nichts mit
den Verlassenschaften anderer Leute zu tun haben.


In der Wohnung der Frau hatte ich auch einen Stapel Super-
8-Filme gefunden. Der halbe Fernsehschrank war damit gefüllt. Ich rief extra den Sohn an, um mich zu vergewissern, was
damit geschehen sollte. Vielleicht hatte er sie nur übersehen.

Doch er wollte sie nicht haben, obwohl es sogar einen Projektor dafür gab, der noch tadellos funktionierte.

Die Zeugnisse habe ich immer noch, die Fotoalben ebenfalls. Sie liegen bei mir im Keller, in einem Karton. Noch ist mir nicht eingefallen, was ich damit anstellen könnte. Aber irgendwie bringe ich es auch nicht fertig, sie einfach wegzuwerfen. Manchmal denke ich: Vielleicht begegnet mir irgendwann einmal jemand, der sich dafür interessiert. Dabei weiß ich natürlich, dass das ein überaus romantischer Gedanke ist.

Denn wenn man ehrlich ist und eine Spur weniger romantisch, kommt man zu einem anderen Schluss – und der lautet: Was vom Leben übrig bleibt, kann alles weg!

# Der heimliche König

Der Auftrag erreichte mich über einen Nachlassverwalter. Das sind meistens Rechtsanwälte; sie werden von einem Nachlassgericht bestellt. Auch in diesem Fall war es einer. Ein alter Hase auf dem Gebiet, er beackerte kaum andere, weil dieses eine ihm schon genügend einbrachte. Solche Anwälte sind in unserer Branche sehr begehrt. Sie verschaffen uns Arbeit und verhelfen einem mitunter zu den lukrativsten Jobs. Ich hatte von dem Mann schon einiges gehört, aber noch nie selbst das Vergnügen gehabt. Wie er auf mich gekommen war, weiß ich nicht genau. Anscheinend hatte ihm ein Immobilienmakler, den ich gut kannte, einen Wink gegeben. Vielleicht, weil er dachte, das Objekt, das geräumt werden sollte, könnte nach meinem Geschmack sein. Und damit lag er völlig richtig.

Es hatte einen Steuerberater dahingerafft. Nur zweiundsechzig Jahre alt war der Mann geworden. Gestorben an Leberzirrhose, hieß es. Eine Gelbsucht soll sein Ende beschleunigt haben. In seiner Wohnung sah es nicht im Geringsten danach aus, als sei er auf die Reise in die ewigen Jagdgründe vorbereitet gewesen. Mitten aus dem Leben gerissen – das traf hier wohl eher zu. So ziemlich nichts hatte er für dieses Szenario geregelt, daher auch der Nachlassverwalter. Diese Leute werden immer dann eingeschaltet, wenn es – allgemein und völlig unjuristisch formuliert – Unklarheiten bei der Erbschaft gibt. Dabei würde man doch denken, eine fortgeschrittene Leberzirrhose kann man nicht anders empfinden als eine tickende Zeitbombe, die einen dazu bringt, seine Tage irgendwie zu sortieren. Aber womöglich ändert sich diese Sichtweise, sobald es einen selbst erwischt.

Die Wohnung war in Wirklichkeit ein Reich – sein Reich. Allein der Wohntrakt, der sich übers gesamte Dachgeschoss erstreckte, maß stattliche vierhundertfünfzig Quadratmeter. Hinzu kamen eine Reihe anderer – wie soll ich sagen? – Gemächer. Auf der Etage direkt darunter, im Erdgeschoss, und selbst im Keller befanden sich noch Räume, die er offenbar ebenfalls rege genutzt hatte. Auf jeden Fall den Weinkeller, der mit einer erlesenen Auswahl bester Tropfen ausgestattet war. Man sah auf den ersten Blick, dass sich hier ein Kenner seinen Vorrat angelegt hatte. Ich hätte mich vors Weinregal stellen, die Augen schließen und blind zugreifen können – und wäre kein einziges Mal enttäuscht worden. Praktischerweise schloss sich daneben gleich ein Partyraum an. Eine kleine Bar, Stereoanlage, noch mit Plattenspieler, Diskokugel und Stroboskop-Blitz an der Decke, flauschige Sitzmöbel – nichts fehlte.

Auf der anderen Seite des Kellers befand sich der Fitnessbereich. Neben einem Pool mit Wellenmaschine war eine stolze Armada von Trainingsgeräten aufgereiht. Ich kenne mich da nicht so gut aus, aber mir schien, dass man seinen Körper damit schinden konnte, bis einem der Schweiß in Sturzbächen aus den Poren rann. Manche stehen ja auf so etwas. Ob allerdings der Steuerberater zu dieser Spezies gehörte, da habe ich doch meine Zweifel. Auf den Fotos, die ich zu Gesicht bekam, wirkte er eher wie jemand, der den Tag sehr gut ohne irgendwelche Körperertüchtigung zu genießen verstand. Ich will nicht sagen, dass er fett war, das wäre übertrieben, aber unter einer fitnessgestählten Statur stelle ich mir auch etwas anderes vor.

Ich schätze, er hatte die Muckibude für seinen Freund eingerichtet. Der muss deutlich jünger gewesen sein als er. Den Fotos nach zu urteilen, höchstens halb so alt. Natürlich kann ich mich täuschen, bei Asiaten verschätzt man sich mit dem Alter leicht. Wenn ich mich recht entsinne, stammte der junge Mann aus Vietnam. Genau: Ich erinnere mich an ein Foto von den beiden vor dem Eingang des Literaturtempels in Hanoi, seit Ewigkeiten das Nationalheiligtum der Vietnamesen. Nicht, dass ich gewusst hätte, was dieser Prachtbau darstellt, aber jemand hatte es unter das Bild geschrieben. Aus irgendeinem Grund ist mir diese Information im Gedächtnis geblieben. Ich könnte gar nicht sagen, warum. Manchmal ist das einfach so.

Der Steuerberater beschäftigte mich damals ganz schön. Dabei denke ich gar nicht in erster Linie an den Arbeitsaufwand, den ich betreiben musste, um sein Reich leergeräumt zu bekommen. Es gab Nächte, da träumte ich sogar von ihm, obwohl er mir niemals leibhaftig begegnet war. In einem dieser Träume saßen wir uns gegenüber, und er erzählte mir von seinem Leben. Beispielsweise die Geschichte, wie er seinen Freund kennengelernt hatte. Leider kann ich die nicht mehr zum Besten geben. Schon am nächsten Morgen, als ich aufwachte, waren die Worte, die er im Traum zu mir gesprochen hatte, wie weggewischt. Ich weiß nur, dass mir in der Nacht alles äußerst geheimnisvoll erschienen war.

Woran ich mich noch erinnere, hat nichts mit dem Traum zu tun: Es gab in der Wohnung ein selbstgestaltetes Buch, in dem der Steuerberater den Umzug seines Liebsten von Vietnam nach Deutschland anhand zahlreicher Fotos dokumentiert hatte – vom Packen in der alten Wohnung dort bis zum Wiederauspacken hier. In diesem Buch muss ich auch die Aufnahme von dem uralten Tempel in Hanoi gesehen haben.

Eine Frage trieb mich besonders um: Warum hatte der Steuerberater ausgerechnet dieses Fleckchen der Stadt gewählt, um sich niederzulassen?

Dazu sollte ich erklären, dass das Haus des Steuerberaters in einer Ecke von Berlin stand, die weder attraktiv noch beliebt ist. Ganz im Gegenteil, es handelt sich um eins dieser erbärmlich tristen Viertel, wie man sie in jeder Großstadt findet. Obwohl die eigentlich niemand finden will, abgesehen von denjenigen, deren Schicksal es ist, dort zu wohnen.

Aber genau das ließ mich so lange grübeln. Mit dem Steuerberater schien es das Schicksal doch recht gut gemeint zu haben – zumindest bis zu dem Tag, als ihn der frühe Tod ereilte. Wäre er von Beruf Anwalt gewesen, mir hätte seine Wahl sofort eingeleuchtet. Ein Schritt vor die Tür, und es wäre ihm mit an Sicherheit grenzender Wahrscheinlichkeit ein potentieller Mandant vor die Füße gelaufen. Wie im Fernsehen bei *Liebling Kreuzberg*. Aber bei einem Steuerberater ergab das wenig Sinn.

Man muss sich den roten Backsteinbau, in dem er gewohnt hatte, von der Größe her ziemlich imposant vorstellen: sechs Stockwerke, das Dachgeschoss, in dem er sich ausgebreitet hatte, mit eingerechnet. Auf jeder der darunterliegenden Etagen gab es drei Wohnungen, außer im Erdgeschoss, dort waren es nur zwei – und die wurden auch nicht als Wohnraum genutzt. In dem Bereich links vom Eingang hatte ein Allgemeinmediziner seine Praxis eingerichtet. Auf der anderen Seite befanden sich die Büroräume des Steuerberaters, der zusammen mit einem Geschäftspartner eine Handvoll Angestellte beschäftigt hatte. Im Treppenhaus führten Holzstufen nach oben. Es gab auch einen Fahrstuhl, aber der war nicht für alle gedacht. Ursprünglich vielleicht schon, so genau konnte ich die Geschichte des Gebäudes nicht ergründen. Als ich dort zu tun hatte, existierten jedoch nur noch zwei Stellen, an denen der Lift seinen metallenen Schlund öffnete, um einen Passagier aufzunehmen oder auszuspucken. Eine befand sich im Keller, besser gesagt in der Tiefgarage, die andere im Dachgeschoss. Wer jetzt an einen peinlichen Konstruktionsfehler denkt, irrt. Man mag diese Konstruktion sonderbar finden, zumal für ein Mietshaus, in dem nicht wenige Leute wohnten.

Aber genau so war sie vom Eigentümer des Hauses gewollt, und das war seit einigen Jahren der Steuerberater gewesen.

Die Exklusivnutzung des Fahrstuhls erklärte allerdings noch nicht seine Vorliebe für diese wenig attraktive Gegend. Welchen Grund es dafür gegeben hatte, diese Frage stellte sich mir schon, als ich das erste Mal über die Schwelle seines verlassenen Reiches getreten war.

Falls ich es noch nicht gesagt haben sollte: Dieser Moment ist für mich der aufregendste, bei fast jeder Räumung. Man steht vor der Tür, dreht den Schlüssel im Schloss herum, drückt die Klinke herunter, macht einen Schritt vorwärts, zieht die Tür hinter sich wieder zu – und mir nichts, dir nichts findet man sich in einem vollkommen fremden Leben wieder. Genauer gesagt in dem, was davon übrig geblieben ist. Man fühlt sich, als sei man bei jemandem zu Gast, von dem man weder weiß, wie er aussieht noch wie er sich anhört, wenn er spricht, nicht einmal, ob man ihm überhaupt willkommen wäre.

Es ist kaum mehr als ein Augenblick, in dem sich die Anspannung, die sich auch nach so vielen Jahren noch vor jeder Räumung bei mir aufbaut, mit Neugierde, Vorfreude und was weiß ich alles vermischt und dadurch irgendwie kulminiert. Jedenfalls ist das die Erklärung, die ich mir für diesen eigenartigen Zustand zurechtgelegt habe. Und mich überzeugt sie.

Aber dann geht alles ganz fix, und ich bin schon mitten dabei. Wie ein überlegener Feldherr, der seine Armee gar nicht braucht, erobere ich ein Zimmer nach dem anderen, indem ich einfach hindurchschreite. Dabei lasse ich meinen Blick übers Inventar schweifen, verschaffe mir einen groben Überblick über das, was sich in den Schränken verbirgt, und beginne, einen Plan zu schmieden, wie ich die Sache am gescheitesten angehen könnte.

Ein guter Plan ist überhaupt das A und O. Und gut ist ein Plan für mich vor allem dann, wenn ich keinen Schritt umsonst gehen und nichts von dem, was sich in der Wohnung befindet, zwei- oder dreimal anfassen muss. Aber noch besser ist er, wenn ich es so hinkriege, dass die meisten Sachen aus der Wohnung verschwinden, ohne dass ich selbst den Rücken krumm gemacht habe. Das nenne ich den Idealfall.

Die Logistik optimal zu organisieren, das ist einer der wichtigsten Bestandteile meiner Arbeit, wenn nicht gar *der* wichtigste. Er läuft unter der Rubrik »Kreativität der Faulen«, obwohl ich natürlich alles andere als faul bin. Das ist schon allein daran zu erkennen, dass die meisten Räumungen, die unter meiner Regie stattfinden, mit höchstens zwei Leuten bewältigt werden – und davon bin einer noch ich.

Der andere, mein Mitstreiter zurzeit, hört auf den Namen Wilhelm – unter uns: Willi. Ein nicht mehr ganz taufrischer Knabe, der sich irgendwie durchs Leben schlängelt. Willi sprudelt nun nicht gerade vor Mitteilungsdrang wie die Fontäne im Park von Schloss Charlottenburg im Sommer, aber zupacken kann er wie kein anderer.

Ebenso gehört eine gewisse Verlässlichkeit zu seinen positiven Eigenschaften. Was nicht heißen soll, dass er diese maßlos überstrapaziert. In Grundzügen jedoch ist sie bei ihm ganz klar vorhanden. Da kenne ich wirklich andere Kaliber. Na ja, und an den Tagen, wo er mit ihr auf Kriegsfuß steht, bemüht er sich wenigstens um eine Ausrede, die einigermaßen glaubwürdig klingt.

Da ich gerade dabei bin, über Helfer zu sprechen, sollte ich auf keinen Fall Aleks verschweigen. Aleks ist Pole, irgendetwas um die fünfzig, ein Mann wie ein Baum, mit dem kantigen Schädel eines Boxers. Seine Arme erinnern mich an Greifarme von Baggern. Ich glaube, wenn es darauf ankäme, würde er zwei mittelgroße Schrankwände auf einmal wegbugsieren. Aleks lebt in Stettin, Westpommern, das ist seine Heimat, ungefähr hundertzwanzig Kilometer von Berlin entfernt. Für ihn und seinen Transporter ein Klacks.

Wie lange kennen wir uns eigentlich? Fünfzehn Jahre sicher. Er stand eines Tages einfach vor meiner Tür. Jemand hatte ihm erzählt, dass ich Wohnungsräumungen mache. Und da ich eigentlich immer Leute suche, die mir etwas von dem Kram abnehmen, der dabei anfällt, kam Aleks wie gerufen.

Für mich ist dieser Bursche ein Glücksritter – ein Abenteurer, der sich mit einer Art Urvertrauen darauf verlässt, dass am Ende alles gut ausgeht. Wenn man seinen Worten trauen darf – und mir fiele kein Grund ein, warum man das nicht dürfte –, war er früher einmal steinreich, hat dann alles verloren und anschließend wieder von vorn angefangen. Solche Biographien gefallen mir – ich meine, dass man die Flinte nicht ins Korn wirft, sondern sich wieder aufrappelt, wenn das Leben es mal nicht so gut mit einem meinte.

Aleks ist einer derjenigen, die für den Idealfall sorgen, von dem ich vorhin sprach. Er kommt in die Wohnung und wuchtet alles, was er gebrauchen kann, selbst raus, lädt es auf seinen Transporter und düst wieder ab, Richtung Nordosten, rüber nach Polen. Dort hat er sich ein landesweites Verteilernetz aufgebaut. Wie das funktioniert, kann ich nicht sagen, aber es funktioniert. Irgendwie kriegt er bei seinen Landsleuten jedes Teil los und macht dabei noch ein gutes Geschäft. Im Schachern ist er Weltmeister, dafür hat er ein Händchen. Es soll Leute geben, die ein Problem mit dieser Mentalität haben, ich finde es herrlich, wie er das macht. Wir sollten heilfroh sein über Typen wie ihn, ohne sie würden unsere Müllberge in den Himmel wuchern. Außerdem schuftet Aleks für jeden Euro, den er verdient. Das Ausräumen und die Transporte sind knochenharte Maloche, das darf man nicht unterschätzen.

Ganz abgesehen davon erhalten die Sachen durch ihn ihren ursprünglichen Bestimmungszweck zurück. Waschmaschinen zum Beispiel. Die sind in den meisten Fällen noch funktionstüchtig und eigentlich zu schade zum Wegschmeißen. Trotzdem kann ich damit nichts anfangen. Denn würde ich sie verkaufen, müsste ich eine sogenannte Gewährleistung übernehmen. Das heißt, der Käufer könnte mich eine gewisse Zeit lang – ich glaube, ein halbes Jahr schreibt das Gesetz vor – für Mängel haftbar machen, die an der Maschine auftreten. Man kann den Ärger förmlich riechen, den ich mir damit aufhalsen würde. Nee, danke!

Dasselbe trifft auf so ziemlich jedes elektrische Gerät zu, das man in einem Haushalt finden kann. Deswegen verschenke ich diese Dinge lieber. In Polen existieren solche Gesetze vermutlich nicht, oder sie werden von unserem Nachbarvolk schlicht ignoriert.

Aleks muss mir nichts dafür geben, dass ich ihm Fernseher, Stereoanlagen, Waschmaschinen oder Kühlschränke überlasse. Manchmal dankt er mir mit einem Stapel polnischer Butter, die er beim nächsten Mal mitbringt, mit einem Kasten polnischem Bier oder einem schönen Stück Rinderfilet, auch polnisch – das ist unsere Währung.

Oder er revanchiert sich mit einer guten Tat. Die kann zum Beispiel so aussehen, dass er mir bei einer Räumung ein altdeutsches Arbeitszimmer vom Leibe schafft. So etwas will hier keiner mehr haben. Ich müsste es zerlegen und mich mit dem schweren Holz abbuckeln, nur damit es sich am Ende in einem Heizkraftwerk in Luft auflöst. Noch dazu wäre es eine tragische Verschwendung, da in Aleks' Heimat altdeutsches Mobiliar nach wie vor hoch angesehen ist. Für viele seiner Landsleute ist es der Mercedes unter den Möbeln. Deutsche Wertarbeit, handwerklich meisterhaft, und auch optisch eigentlich eine Augenweide. Nur dass die üppigen Schnitzereien, die Glastüren und überhaupt der wuchtige Stil bei uns nicht mehr dem Zeitgeschmack entsprechen.

Doch zurück zu dem Punkt, wo ich beginne, mich mit der Ausstattung einer Wohnung vertraut zu machen. Das findet nie im Schnelldurchlauf statt, dafür nehme ich mir Zeit. Bevorzugt in den Abendstunden, wenn der Trubel des Tages vorbei ist und die Stadt allmählich ruhiger wird. Liegt die Wohnung halbwegs in der Nähe meiner eigenen, lasse ich den

Wagen stehen und radle dorthin. Das entschleunigt. Manchmal nehme ich mir ein Fläschchen Wein mit, kommt ganz auf meine Stimmung an, aber die ist an solchen Tagen meistens prima, immerhin habe ich einen Auftrag an Land gezogen.

In der Wohnung des Steuerberaters ließ ich es mir besonders gutgehen. Mein erster Weg führte hinunter in den Keller, aber nur ganz kurz, um ein passendes Getränk auszuwählen. Da ich fand, dass ich etwas zu feiern hatte, entschied ich mich für Champagner. Davon standen zwei Kisten dort. Bescheiden wie ich bin, beschränkte ich mich auf eine Flasche. Damit bestieg ich den Lift, der mich ohne Zwischenhalt bis unters Dach beförderte.

Während ich also Richtung Himmel zuckelte, musste ich an den Steuerberater denken. Ich fragte mich, ob es für ihn wohl ein erhabenes Gefühl gewesen war, wenn er seinen Aufzug in dem Wissen benutzte, dass alle anderen Hausbewohner mühsam über die Treppenstufen nach oben kraxeln mussten. Und als ich so nachdachte, dämmerte mir, dass es tatsächlich das gewesen sein könnte, was ihn hierher verschlagen hatte: sich herauszuheben aus der Masse, etwas Besonderes zu sein – der heimliche König. Das wäre ihm im gutbürgerlichen Wilmersdorf oder gar im Villenviertel Grunewald, wo sich seit jeher Prominenz und Reichtum niederlassen, nur schwer gelungen.

Es war ein lauer Septemberabend. Die Sonne schickte ihre letzten Strahlen über die Häuser, so dass ich nicht anders konnte, als mir ein Plätzchen auf der weitläufigen Dachterrasse zu suchen. Die Aussicht war phänomenal! Halb Berlin konnte man von dort oben sehen. So etwas bekommt man nicht alle Tage geboten. Das könnte ein weiterer Grund gewesen sein, warum sich der Mann diesen und keinen anderen Standort ausgesucht hatte.

Seither ist mir überhaupt nur eine einzige andere Wohnung untergekommen, die mit einem ähnlich atemberaubenden Blick aufwarten konnte. Es war ungefähr drei Jahre später. Sie befand sich in einem der Hochhäuser im Hansaviertel, gleich neben dem Tiergarten. Ihr Balkon ging um die Ecke, an zwei Außenwänden entlang, wodurch man vom Flughafen Tegel bis zum Potsdamer Platz eine wunderbare Sicht hatte. Abends leuchtete die Siegessäule fast zum Greifen nah, man konnte die in Licht getauchte Kuppel des Reichstags bestaunen oder den illuminierten Schriftzug auf dem Dach des Hotel Adlon – und darüber glatt das Arbeiten vergessen. Besonders der Blick hinüber nach Tegel fesselte mich. Ich kann das nicht erklären, aber ich sehe mir einfach gern an, wie Flugzeuge beim Start abheben oder sich im Landeanflug dem Erdboden wieder nähern. Das finde ich allemal interessanter als die meisten Filme, die in der Flimmerkiste laufen.

Nebenbei bemerkt: Die Wohnung im Hansaviertel war eine richtige kleine Schatzkiste und für mich ein echter Glückstreffer. Zumal die Tochter der Verstorbenen ursprünglich jemand anderen engagiert hatte. Der war zum vereinbarten Termin allerdings nicht aufgekreuzt. Kein Anruf, nichts. Die Frau klang ziemlich entnervt, als sie sich bei mir meldete, an einem Freitag, später Vormittag. Ihr saß die Zeit im Nacken. Übers Wochenende musste alles erledigt sein. Für

Montag hatte die Hausverwaltung bereits Handwerker bestellt, sie sollten mit der Renovierung beginnen. Also machte ich mich gleich auf den Weg.

Die Frau war Mitte fünfzig, eine attraktive Erscheinung, komplett in Schwarz gekleidet, sehr elegant. Sie trug Silberschmuck, echten ohne Zweifel. Der Zeitdruck, unter den sie durch den unzuverlässigen Kollegen geraten war, beschleunigte die Verhandlung, was nicht zu meinem Nachteil war. Das Honorar, das wir vereinbarten, fiel zwar relativ niedrig aus, hundertfünfzig oder zweihundert Euro, die die reinen Entsorgungskosten decken sollten. Dafür nahm sie nichts mehr aus der Wohnung mit. Und die war nicht nur überaus geschmackvoll eingerichtet, sondern es gab auch einige wertvolle Dinge darin zu entdecken, beispielsweise einen Lounge Chair, entworfen von dem amerikanischen Designer Charles Eames, gegen Ende der fünfziger Jahre.

Andere Stücke fielen einem nicht sofort ins Auge, aber nur deshalb, weil sie kleiner und verstaut waren. Ich brauchte nur eine Schranktür zu öffnen oder eine Schublade aufzuziehen, schon entdeckte ich eine Sammlung Silbermünzen oder ein französisches Jagdtaschenmesser aus dem 18. Jahrhundert – noch nie hatte ich ein schöneres gesehen – oder interessante antiquarische Bücher oder Geschirr aus Meissener Porzellan.

Alles hatte Stil in dieser Wohnung und zeugte von gutem Geschmack. Selbst ein Gang in den Keller lohnte sich. Dort standen alte Bilderrahmen, gold- und silberfarben, für die ich nachher gutes Geld bekam.

Doch jetzt bin ich abgeschweift. Die Dachterrasse des Steuerberaters – da war ich stehengeblieben. Sie bildete den Ausgangspunkt meiner Erkundungen. Bei vierhundertfünfzig Quadratmetern wäre ein Navi zur Orientierung nicht schlecht gewesen, aber ich fand mich auch ohne zurecht. Immerhin hatte ich die Wohnung an der Seite des Nachlassverwalters schon einmal besucht. Allerdings kam es mir jetzt vor, als hätte ich dabei höchstens die Hälfte registriert. An das Aquarium erinnerte ich mich jedoch sofort. Das konnte man auch unmöglich übersehen, denn es erstreckte sich über zwei Räume. Das Wasser darin hätte gereicht, um hinter dem Haus einen kleinen See anzulegen. Aber auch sonst war es kein gewöhnliches Aquarium, zumindest für einen Privathaushalt. Es war nämlich mit Salzwasser gefüllt. Bei der Größe des Beckens bedurfte es einer speziellen Aufbereitungsanlage, einer Umwälz- und mehrerer Strömungspumpen und allerlei anderen Zubehörs, um die richtige Mischung aus Wasser und Salz zu erzeugen und dieselbe ständig in Bewegung zu halten, damit die Fische ausreichend Sauerstoff bekamen und in dieser Umgebung überleben konnten.

Von der ganzen Technik, die dieses Riesenaquarium verlangte und die den Steuerberater ein Vermögen gekostet haben dürfte, sah man in der Wohnung übrigens nichts. Das hatte er raffiniert gelöst. Direkt darunter, eine Etage tiefer, befand sich ein Raum, in dem alles untergebracht war.

Auf demselben Stockwerk hatte er noch einen zweiten Raum mit viel Technik ausgestattet. Aber nicht etwa für noch mehr Fische oder anderes Getier. Obwohl ich mir vorstellen könnte, dass es dort manchmal recht animalisch zugegangen war. Möglich, dass er und sein Liebhaber mit den verschiedenen Kameras, die auf Stativen in Position gebracht waren, lediglich versucht hatten, das Paarungsverhalten der gemeinen Stubenfliege Musca domestica zu filmen, aber es sah irgendwie nicht danach aus.

Dass der Steuerberater einen gewissen Hang zum Extravaganten hatte, war in jeder Ecke der Wohnung zu spüren. Man fragte sich, worauf es ihm mehr angekommen war, als er sie eingerichtet hatte: ein heimeliges Zuhause zu schaffen, in dem er sich wohl fühlte, oder anderen damit ein bestimmtes Bild von sich und seinem Lebensstil zu vermitteln. Schein oder Sein?

Sämtliche Möbel waren modern und luxuriös, die meisten Designerstücke. Mir wärmten sie nicht das Herz, kein bisschen. Ich fand sie steril und unpersönlich. Gemütlich ist anders. Außerdem habe ich bei solchen Stücken immer das Gefühl, ihr Besitzer hätte am liebsten das Preisschild drangelassen, gut sichtbar für jeden Besucher, damit nur ja keiner dächte, es handele sich um stinknormale Möbelhausware.

Manches in des Steuerberaters Reich fand ich aber sehr beeindruckend. Bei meinem Rundgang durch die einzelnen Zimmer stieß ich auf eins, das äußerst spärlich möbliert war. Zwei Sessel und ein Fernseher, mehr nicht. Woanders wären die Sessel zwar locker als Sofa durchgegangen und der Fernsehbildschirm beinahe als Kinoleinwand. Doch der Raum hier wirkte immer noch etwas kahl. Ich setzte mich in einen der Sessel und versank in seinem weichen Polster, es verschluckte mich fast. Auf der Lehne, ungefähr so breit wie eine Fensterbank, lag eine Fernbedienung. Ich schnappte sie mir und spielte ein bisschen an den Knöpfen.

Im ersten Moment passierte gar nichts. Kein Bild, kein Ton. Auf einmal knackte es leise, und wie von Zauberhand verdunkelte sich der Raum. Dabei war gar kein Licht an gewesen. Vor meinen Augen senkte sich eine Leinwand aus der Zimmerdecke herab und sperrte das letzte Licht des Tages, das durch das Fenster dahinter hereingefallen war, aus.

Die Leinwand maß drei mal drei Meter. Ich habe später nachgemessen, weil ich doch einigermaßen verblüfft war. Bei der Größe hätte man sie ebenso für eine mobile Trennwand halten können. Eine Sekunde lang dachte ich das auch, bis ich an der Wand hinter mir einen Beamer entdeckte. Die waren damals noch nicht so verbreitet wie heute. Offenkundig befand ich mich im hauseigenen Kinoraum.

Vom Badezimmer war ich noch mehr angetan: ein Traum von einem Bad, so etwas hatte ich bis dahin noch nicht gesehen. Badezimmer Nummer zwei wohlgemerkt, denn es gab insgesamt drei, zumindest wenn man das Gäste-WC mitrechnete. Letzteres verfügte immerhin über eine Duschkabine, die geräumiger ausfiel als anderswo die Küche.

Es soll niemand denken, ich hätte vor lauter Begeisterung vergessen, warum ich an diesem Abend in der Wohnung war. Hier ging es eindeutig um Arbeit, und ich war dabei, einen Plan zu schmieden. Aber ich möchte den sehen, der an meiner Stelle anders gehandelt hätte. Ich musste es einfach tun. Und was sprach auch dagegen? Ein Plan ließ sich schließlich genauso gut in einer Badewanne entwerfen. Vielleicht dort sogar am besten. Eine nette Umgebung motiviert für gewöhnlich.

Ich kenne Kollegen, die ziehen in die Wohnung ein, die sie gerade ausräumen. Schlafen dort, essen dort, arbeiten dort – bis es geschafft ist. Als würden sie Urlaub in einem fremden Leben machen, ohne dabei zu faulenzen natürlich. Dagegen verhielt ich mich absolut harmlos. Ich ließ mir lediglich eine Badewanne ein – aber was für eine!

Diese Badewanne war ein ausgewachsener Whirlpool. Ganz gleich, wie man sich hineinlegte, man hatte in jeder Position so viel Platz, dass man sich Gesellschaft wünschte, um sich nicht allzu verloren zu fühlen.

Das Planschbecken der Luxusklasse befand sich in einem dreißig Quadratmeter großen Bad, und sein Platz war so gewählt, dass man, lag man auf dem Rücken, durch eine verglaste Dachkuppel in den tiefblauen Abendhimmel blicken konnte. Es war überwältigend. Durchatmen, am Champagner nippen, das Leben einmal kräftig umarmen!

Als ich dann noch herausfand, dass sich die Dachkuppel mit einem Knopfdruck öffnen ließ … wie soll ich das beschreiben? So müssen sich Könige in ihren schönsten Momenten gefühlt haben!

Später radelte ich nach Hause – noch ganz beseelt. Und mit einem Plan in der Tasche.

Damals war eBay bei uns noch relativ neu, da stellte ich

viele Sachen rein. Der Nachlassverwalter ließ mir einen Monat Zeit, meine Arbeit zu erledigen. So viel ist eher die Ausnahme. Der Verkauf lief wie geschmiert, viel besser, als ich erwartet hätte. Aus der halben Republik meldeten sich Interessenten. Den Beamer holte sich jemand aus Hamburg, der gleich noch zwei indonesische Handspielpuppen mitnahm, die im Schlafzimmer an der Wand hingen. Ein Einbauschrank – edles Kirschbaumholz, poliert – ging nach Hannover. Immerhin für neunhundert Euro. Heute bräuchte ich gar nicht erst zu versuchen, so ein Teil loszubekommen. Das wäre ein Fall für Aleks. Auch die Küche fand einen neuen Platz, passenderweise bei einer Familie in Essen. Der Mann kam gleich mit einem Lastwagen und hatte zur Verstärkung seinen Bruder mitgebracht. Die beiden schienen vom Fach zu sein. Nach drei Stunden hatten sie alle Schränke und alle Gerätschaften ausgebaut und für die Rückfahrt auf der Ladefläche verstaut.

Selbst für die Fitnessgeräte unten im Keller fand sich ein Abnehmer. Dabei hatte ich mich schon gesehen, wie ich sie mühsam in meinen Wagen hieven und zum Schrotthändler bringen musste. Der Käufer rauschte aus Rostock an, in einer dicken, aufgemotzten Kiste, japanisches Modell, mit Hänger. Er trug weite Bodybuilderhosen mit einem wilden Muster, lila und pink und hellbau, und erzählte, er sei gerade dabei, ein eigenes Fitnessstudio aufzuziehen.

So ziemlich jeder, der aufkreuzte, um das, was er übers Internet ersteigert hatte, abzuholen, entdeckte in der Wohnung noch etwas anderes, das er unbedingt haben wollte. Meistens brauchte ich nur einen Preis zu nennen, und die Sache war geritzt. So dass ich am Ende, nachdem alle wieder verschwunden waren, kaum mehr zu tun hatte, als einmal kräftig den Besen zu schwingen und ein paar Säcke mit Müll zu entsorgen.

Der Liebhaber des Steuerberaters ließ sich die ganze Zeit kein einziges Mal blicken. Das konnte ich nachvollziehen. Hätte er mit ansehen müssen, wie die Leute alles aus der Wohnung trugen, es hätte ihm wahrscheinlich ein zweites Mal das Herz gebrochen. Eigentlich, so stand es im Testament, hätte er alles erben sollen – das Haus, die Einrichtung und sogar noch andere Immobilien, die der Steuerberater gekauft hatte.

Aber genau da lag der Knackpunkt: Er hatte sie gekauft, aber größtenteils noch nicht bezahlt. Als jemand, der sich mit Finanzierungsmodellen auskennt, hatte er jene gewählt, die in erster Linie darauf ausgelegt waren, Steuern zu sparen. Bei seinem Tod lasteten auf sämtlichen Immobilien hohe Grundschulden. Die monatlichen Raten zur Tilgung der Kredite lagen im astronomischen Bereich – jedenfalls für den Freund des Steuerberaters. Sie überstiegen seine Einkünfte um ein Vielfaches. Wollte er in Zukunft noch ruhig schlafen können, musste er das Erbe ausschlagen. Und das hatte er auch getan.

Am letzten Tag, nachdem die Wohnung leer geräumt und auch sonst alles erledigt war, ging ich noch einmal hinaus auf die Dachterrasse. Wieder schien die Sonne, doch es war deutlich kühler geworden. Die Blätter an den Bäumen verrieten, dass sich der Sommer verabschiedet hatte. Ihr Grün war dem

Gelb und Rot des Herbstes gewichen. Ich stand am äußeren Rand, lehnte mich an das Metallgeländer und sah hinunter zur Straße. Auf dem Gehsteig eilten Menschen hin und her wie verwischende Punkte. Dann ließ ich den Blick über die Dächer der Stadt schweifen, und ich musste an den Steuerberater denken. Wie oft mochte er wohl an dieser Stelle gestanden haben? Hoch oben über den Köpfen der anderen, mit einem Gefühl der Überlegenheit – wie ein König.

# Die Schauspielerin

Ich hatte nicht auf die Uhr geschaut, aber das Gespräch dürfte kaum länger als fünf Minuten gedauert haben. Ein Mann war am Telefon gewesen, älterer Jahrgang, sonore Stimme. Er hatte aus Süddeutschland angerufen und sprach bayerischen Dialekt. Hinterher behielt ich den Hörer noch ein Weilchen in der Hand und dachte darüber nach, was er gerade gesagt hatte.

Es ging um eine Wohnung in dem Viertel an der Pariser Straße. Das hörte sich schon mal prima an. In dieser Ecke hatte ich noch nie einen Auftrag erhalten, obwohl sie fast vor meiner Haustür liegt. Zwei Kilometer sind in einer Stadt wie Berlin ja quasi nichts. Es ist eine gute Gegend, sehr vornehm. Viele schmucke alte Häuser, die meisten gepflegt, und darin große, teure Wohnungen. Als ich mir das ins Bewusstsein rief, schlug mein Herz gleich schneller.

Schon komisch. Da bin ich so lange in diesem Job, und trotzdem lösen bestimmte Reize immer noch genau diese Reaktion aus. Dabei sage ich mir jedes Mal: »Schön ruhig bleiben! Bloß nicht zu viel erwarten!« Alte Regel: Am besten, man erwartet gar nichts, dann kann man auch nicht enttäuscht werden. Das funktioniert wunderbar, wenn man es hinbekommt.

Zwei Tage später dann der Besichtigungstermin mit dem Herrn aus Süddeutschland. Ich entschied mich wieder für die sportliche Variante, also fürs Fahrrad, um mir Parkplatzärger zu ersparen. Die Hausnummer fand ich auf Anhieb. Ein Bau aus der Gründerzeit, fünf Stockwerke, taubenblau-graue Fassade. Der Eingang war eine zweiflügelige Tür aus braun lackiertem Holz, im oberen Teil jeweils mit einer Glasscheibe versehen, die an den Rändern geschliffen war. Beide Scheiben glänzten, als hätte der Fensterputzer eben erst seine Arbeit beendet.

Solche Eingänge wecken Hoffnungen, ob man das will oder nicht. Arme Schlucker wohnen anders. Ich finde, man sieht Häusern meistens schon von außen an, ob darin Mieter wohnen oder Eigentümer. Was nicht heißen soll, dass Mieter arme Schlucker wären. Und erst recht nicht, dass ich etwas gegen arme Schlucker hätte. Ich versuche nur, meine Stimmungslage zu beschreiben. Wie sie manchmal schwankt, und von welchen Faktoren das abhängt – aus rein beruflicher Sicht.

In dem Moment war ich also bester Laune. Allerdings haben es Momente so an sich, dass sie nicht ewig währen – auch dieser nicht. Da bis zum vereinbarten Termin noch etwas Zeit blieb, las ich in Ruhe sämtliche Namen auf den Klingelschildern neben der Tür. Vielleicht hätte ich zwischendrin aufgehört, wäre ich auf den Namen gestoßen, den der Anrufer mir genannt hatte. Dummerweise war der nicht dabei. Vierter Stock, hatte er gesagt. Aber im vierten Stock gab es bloß

Müller und Meier. Etwas verunsichert, vergewisserte ich mich noch einmal, ob ich auch die richtige Hausnummer erwischt hatte, doch sie stimmte. Das konnte nur eines bedeuten: Ich musste ins Hinterhaus.

So schnell kann es gehen: Die Vorfreude war dahin. Oder sagen wir, sie schrumpfte gerade zusammen wie ein Regenwurm unter der heißen Mittagssonne. Wenigstens war es kein totaler Schock: Die Fassade des Hinterhauses präsentierte sich zwar eine Spur bescheidener, wirkte aber nicht weniger gepflegt. Der Weg dorthin führte über einen Hinterhof, von dem ein Teil in einen Garten umgestaltet worden war. Der Rasen sah noch etwas mickrig aus, aber dafür blühten Tulpen und Narzissen, und in einer geschützten Ecke auch Ranunkeln – in Rot, Gelb und Orange.

Das Hinterhaus verfügte über vier Etagen. Also musste ich ganz nach oben – über eine braune Holztreppe mit einem Geländer aus der Gründerzeit, noch original. Es sah dem im Vorderhaus sehr ähnlich. Solche Details fallen mir immer direkt auf, weil man so etwas nicht mehr häufig zu sehen bekommt. Mir sind Hauseigentümer, die auf diese Dinge Wert legen und sie in Schuss halten, obwohl das ganz schön ins Geld gehen kann, sehr sympathisch.

Meine Schritte wurden von einem Kokosläufer mit Fischgrätenmuster abgefedert, der auf den Stufen lag wie eine riesige, breitgetretene Schlange. Auch der Läufer war ein untrügliches Zeichen dafür, dass das Gebäude mit Liebe instand gehalten und gepflegt wurde.

In der Wohnung wartete ein älteres Ehepaar. Also hatte ich mich am Telefon nicht getäuscht. Die beiden dürften zwischen sechzig und siebzig gewesen sein. Sie kamen aus Nürnberg, waren elegant gekleidet und wirkten freundlich, schienen sich in ihrer Rolle aber nicht sonderlich wohl zu fühlen. Eine Wohnungsauflösung bedeutet für die meisten Menschen puren Stress, vor allem emotional. Sie müssen Entscheidungen treffen, die hinterher nicht mehr zu revidieren sind. Und dafür haben sie keine Ewigkeit Zeit.

Häufig ist es so, dass Hinterbliebene zunächst versuchen, den Hausstand der Verstorbenen selbst aufzulösen. Dabei nehmen sie alles zehnmal in die Hand, räumen es mal hierhin, mal dorthin und können sich am Ende doch nicht entscheiden, was ihnen so viel bedeutet, dass sie es unbedingt behalten wollen. Und wo sie mit den Sachen hinsollen, für die sie keine Verwendung haben. Darüber vergehen Tage, manchmal Wochen, bis ihnen die Einsicht kommt, dass sie damit überfordert sind. Dann brauchen sie Hilfe – und das oft sehr schnell. Denn der Mietvertrag wurde in der Regel schon längst gekündigt. Oder es sitzt ihnen – falls es sich um eine Eigentumswohnung handelt – bereits der neue Besitzer im Nacken, der darauf drängt, bald einziehen zu können.

Bei diesem Ehepaar kam erschwerend hinzu, dass es weit weg wohnte und die Vorstellung, sich für längere Zeit in der Hauptstadt einquartieren zu müssen, anscheinend nicht sehr verlockend fand.

Kaum hatte ich die Wohnung betreten, besserte sich meine Stimmung erheblich. Ein langer Flur führte direkt aufs Wohnzimmer zu, die Tür stand offen. Das Erste, worauf mein Blick fiel, noch während ich auf das Zimmer zusteuerte, war ein großer englischer Tisch, und damit meine ich: richtig groß. Dazu gehörten zwölf Stühle, und sie alle hatten ausreichend Platz und Abstand zum jeweils nächsten. Tisch und Stühle waren aus Mahagoniholz – antik. Aus der Zeit um die Jahrhundertwende, nahm ich an. (Also um 1900, das muss man mittlerweile ja dazu sagen.) Kurz: Mir ging das Herz auf.

Und das war erst der Anfang. Über dem Tisch hing ein Kristalllüster … meine Herren, ein wahres Prunkstück! Vor lauter Staunen bekam ich meinen Mund kaum zu. Es war ein Prachtexemplar aus der Zeit des Klassizismus. Wie ein großer Bienenkorb, an der breitesten Stelle fast einen Meter im Durchmesser, nur dass er aus Hunderten von kleinen Kristallprismen zusammengesetzt war, in denen sich das Licht brach. Ein atemberaubendes Farbenspiel, das Kristall funkelte in allen Spektralfarben.

Im unteren Drittel wurde der Kronleuchter von einem Messingkranz umschlossen, der vergoldet war, ebenso wie die acht Lüsterarme, die der Kranz hielt. Messing mit Gold ummantelt – einfach ein Gedicht! Ich konnte mich nicht erinnern, jemals ein so wunderschönes Stück in einer Wohnung entdeckt zu haben. Am liebsten hätte ich mir einen der Stühle geschnappt, ihn an den Rand des Zimmers gerückt, mich draufgesetzt und dieses Zauberwerk noch Stunden bewundert.

Aber das hätte vermutlich ein bisschen seltsam gewirkt und wohl auch ziemlich unprofessionell. Dabei wollte ich doch einen guten Eindruck machen, und außerdem gab es noch eine Menge mehr zu sehen.

Das nächste wertvolle Objekt stand nur ein paar Schritte vom Tisch entfernt, an der Wand neben der Fensterfront: ein Biedermeier-Aufsatzschrank, ebenfalls aus Mahagoni, etwa zwei Meter hoch, einen Meter breit – die klassischen Maße.

Hinter den Glastüren des Aufsatzes standen Trinkgläser aufgereiht, darunter einige Abrissgläser, die bei Sammlern sehr gefragt waren und das auch noch sind. Der untere Schrankteil verfügte über ein breites Schubfach und zwei Holztüren, so dass ich nicht sehen konnte, was sich dahinter verbarg. Aber ich vermutete darin Geschirr.

Das hätte meiner Meinung nach gepasst. Bisher wusste ich nur, dass in der Wohnung eine Frau gelebt hatte, die mit Mitte siebzig gestorben war. Allerdings nicht hier. Offenbar hatte sie noch ein zweites Zuhause gehabt, in einer anderen Stadt. Aus beruflichen Gründen, wie der Mann bei unserem ersten Gespräch gemeint hatte, ohne dass er darauf näher eingegangen wäre. Mir war das etwas rätselhaft erschienen: Berufliche Gründe, in ihrem Alter? Da wir aber ein Geschäftsanbahnungsgespräch führten und kein Verhör, fragte ich nicht weiter. Sollte ich den Auftrag erhalten, würde sich dieses Rätsel vermutlich von ganz allein lösen.

Jedenfalls schien die Dame des Hauses ein recht geselliger Mensch gewesen zu sein. Einen solch gewaltigen Tisch wird sich niemand in die Wohnung stellen, der nicht gern Gäste empfängt. Es sei denn, er hat eine große Familie. Doch die Frau hatte hier allein gelebt, sie war nicht verheiratet gewesen, und Kinder hatte sie auch keine gehabt. Wobei ich gar nicht sagen kann, ob ich das zu diesem Zeitpunkt bereits wusste oder ob mir der Mann, bei dem es sich um den Bruder der Verstorbenen handelte, das alles erst später erzählte.

Spielte auch keine Rolle. Ich betrachtete Tisch und Stühle und versuchte mir dabei vorzustellen, wie die Runde ausgesehen haben könnte. Ein reines Damenkränzchen? Oder eher Paare? Dass sie ausschließlich Herren eingeladen haben könnte, schien mir eher unwahrscheinlich. Aber man weiß ja nie.

Womit mochte sie ihre Gäste bewirtet haben? Hatte sie auf dem Tisch dieselbe feine weiße Damastdecke ausgebreitet, die jetzt dort lag? Und hatte sie sich vorher selbst in die Küche gestellt und ein opulentes Menü gekocht?

Nach einer Weile führte mich das Ehepaar ins nächste Zimmer. Bei solchen Besichtigungen kann man nicht auf jedes Detail achten, obwohl ich mich schon anstrenge, so viel wie möglich wahrzunehmen. Meistens sind die Auftraggeber unsicher, wie viel Zeit sie einem geben sollen, sich alles anzusehen. Und ich weiß umgekehrt oft nicht, wie viel ich mir nehmen kann, ohne neugierig oder gar aufdringlich zu wirken.

Es ist jedes Mal eine Gratwanderung. Marschiert man zu flott durch eine Wohnung, halten einen die Leute vielleicht für oberflächlich oder zu wenig interessiert. Entscheidet man sich für ein langsameres Tempo, denken sie womöglich, man trödelt bei der Arbeit genauso. Oder dass sie es mit jemandem zu tun haben, der sich nicht entscheiden kann.

Ich glaube, es gibt da kein Richtig oder Falsch. Es hängt immer von der jeweiligen Situation ab und ob man sich sympathisch findet oder nicht, ob die Chemie stimmt. In unserem Geschäft muss man generell flexibel sein, also auch bei der Erstbegehung. Ich entscheide meist aus dem Bauch heraus, welche Geschwindigkeit ich für die richtige halte, und mit der Zeit habe ich ein ganz gutes Gespür dafür entwickelt. Im Grunde erwarten die Leute doch vor allem eines: dass man ihnen eine große Last abnimmt, seriös und zuverlässig. Das Finanzielle spielt sicher eine Rolle, aber noch wichtiger scheint einem Auftraggeber zu sein, dass er das Gefühl hat, die Sache ist in guten Händen, er kann einem vertrauen.

Nebenan trieb meine Phantasie neue Blüten. Ich machte mir Gedanken, was für eine Person die verstorbene Bewohnerin dieser Wohnung wohl gewesen war und mit wem sie sich umgeben hatte. Dazu verleitete mich eine ansehnliche Schallplattensammlung, die sich in einem Sideboard befand. Das Möbelstück war praktisch, aber sonst nicht weiter der Rede wert. Doch die Platten boten einen musikalischen Querschnitt der letzten fünfzig Jahre: Rock, Chanson, Musical, Schlager. Von Deep Purple bis Gilbert Bécaud und Edith Piaf – für jede Gemütslage etwas. Und dazu die eine oder andere Aufnahme, die in keine Schublade passte. Denn wo sollte man zum Beispiel eine Platte einsortieren, auf der Klaus Kinski mit seiner unnachahmlichen Stimme derbe Texte von François Villon deklamierte »Ich bin so wild nach deinem Erdbeermund, ich schrie mir schon die Lungen wund nach deinem weißen Leib, du Weib …«?

Warum ich mich überhaupt für Schallplatten interessierte, wo diese Dinger kein Mensch mehr hört? Ganz einfach: Weil ich gerade dabei war, mir ein Bild vom Leben der Verblichenen zu machen. Eine Plattensammlung kann da sehr aufschlussreich sein. Welche Musik hatte sie gehört? Und vor allem: Wie oft hatte sie Musik gehört? Dem Zustand einiger Scheiben nach zu urteilen, sehr oft. Manche waren so ramponiert, dass man sie sich vermutlich gar nicht mehr anhören konnte, ohne sich damit selbst zu quälen.

Schallplatten sind aber auch deshalb nicht zu verachten, weil man Geld dafür bekommt. Nicht für jede x-beliebige, aber bestimmte Aufnahmen bringen durchaus den einen oder anderen Euro. Das weiß ich von einem guten Bekannten, der sich auf den Handel mit Vinylscheiben spezialisiert hat. Ein echter Kenner. Er reist um die halbe Welt zu Schallplatten-Börsen und -Messen, auf denen Sammler ihre Schätze feilbieten.

Man glaubt gar nicht, wie viele Leute sich dort tummeln und wie locker bei manchen das Geld zu sitzen scheint. Fünfhundert Euro für eine Platte – das würde ich mir aber schwer überlegen. Immer mal wieder geht eine Scheibe sogar für fünftausend oder zehntausend Euro weg. Da fragt man sich, ob die Käufer fanatische Musikliebhaber sind oder doch eher Spekulanten, die es darauf anlegen, ihre Errungenschaft bei nächster Gelegenheit noch teurer weiterzuverhökern.

Ich muss da immer an die Geschichte von dem Amerikaner denken, der auf einem Flohmarkt in New York herumstöberte und eine Urversion der ersten Platte von The Velvet Underground entdeckte. Es war eine Acetat-Pressung, mit der man nicht viel anfangen konnte, und noch ohne das Cover von Andy Warhol mit der Banane drauf, das zur Bekanntheit der Platte vermutlich mehr beitrug als die Musik darauf. Der Trödler, der sie in seiner Sammlung hatte, kann jedenfalls kein Fachmann gewesen sein, sonst hätte er sie kaum für lausige fünfundsiebzig Cent aus der Hand gegeben. Der neue Besitzer wird sich ein Bein ausgefreut haben. Er wartete ein paar Jahre, dann versteigerte er sie im Internet – und sackte rund fünfundzwanzigtausend Dollar dafür ein.

Aber das erzähle ich nur, um klarzumachen, dass es bei Wohnungsräumungen nie ein Fehler sein kann, sich auch solche Dinge genau anzuschauen, die einem selbst vielleicht nicht besonders aufregend oder gar kostbar erscheinen. Man weiß nie, was man findet. Das ist das Spannende an dem Job.

Abgesehen davon zeigt es ganz gut, wie ich bei Besichtigungen durch eine Wohnung gehe und was dabei in meinem Kopf abläuft. Der funktioniert dann nämlich schon wie ein Verteilerzentrum bei der Post, nur eben rein theoretisch. Die Schallplatten beispielsweise ordnete ich in Gedanken gleich meinem Bekannten zu. Der würde herkommen, sich die Sammlung ansehen und mir dann einen Preis vorschlagen. Das Sideboard dagegen wanderte in meiner Vorstellung schnurstracks auf die Kippe. Es sei denn, Aleks würde sich davon noch etwas versprechen. Die beiden Ledersofas, die in dem Zimmer mit den Schallplatten über Eck standen, wären auf jeden Fall etwas für ihn.

Irgendwann verließen wir diese Seite der Wohnung und wechselten über den Flur auf die andere. Dort lagen ein kleines Gästezimmer, das Bad und gleich daneben der Schlafbereich der Verstorbenen. Der Biedermeier-Stil schien es der Frau angetan zu haben – vielleicht waren es auch Familienerbstücke, an denen sie besonders gehangen hatte. Das Bett im Gästezimmer und ein dazu passender Nachttisch, eine Anrichte im Schlafzimmer und ein kleines Schränkchen im Bad, sie stammten allesamt aus dieser Epoche.

Sie hatte alles hübsch arrangiert und dabei keines der Zimmer vernachlässigt. An so ziemlich jeder Wand hingen kleine Bilder, und die Abstellflächen der Schränke hatte sie mit lauter Schnurrpfeifereien dekoriert – da eine Galerie gerahmter Fotos, dort eine Porzellanvase, im Bad neben der Wanne ein Kerzenleuchter, auf dem Küchenschrank eine Silberschale für Obst. Und jedem Stück sah man an, dass hier eine Frau mit Geschmack am Werk gewesen war. Es war eine einzige Freude, sich die Wohnung anzusehen. Die ganze Sache hatte nur einen Haken – und der steckte nicht in der Decke oder in einer Wand.

Nachdem mich das Ehepaar durch alle Zimmer geführt hatte, gingen wir zurück und setzten uns an den großen englischen Mahagonitisch. Ich würde lügen, wenn ich behauptete, ich sei in dem Moment besonders entspannt gewesen. Zwar betete ich mir im Stillen mein Mantra vor: »Bloß nichts erwarten!« Doch irgendwie blieb diesmal die Wirkung aus. Ich hatte mir an den vielen schönen Sachen die Augen »verblitzt«, war also hemmungslos begeistert. Diesen Auftrag durfte ich mir auf keinen Fall durch die Lappen gehen lassen.

Ich legte mich also ordentlich ins Zeug und zeigte mich von meiner allerbesten Seite – charmant, verständnisvoll, mitfühlend. Nicht, dass ich das sonst nicht auch wäre. Da braucht man nur meine Frau zu fragen, die wird das bestätigen. Aber natürlich lassen sich diese Attribute bei Bedarf noch ein bisschen steigern, wie man das halt so macht, wenn man etwas will. Wichtig dabei ist nur, es nicht zu übertreiben. Das kommt nicht gut an. Man darf vor lauter Freundlichkeit auch nicht verkrampfen, sonst denken die Leute womöglich: Der muss es aber nötig haben. Am besten ist immer noch, man hält seine Gefühlsregungen unter Kontrolle und lässt sich nichts anmerken. Nur war das diesmal leichter gesagt als getan.

Das Gespräch mit dem Ehepaar war gefühlsmäßig die reinste Achterbahnfahrt. Erst ging es recht gemächlich aufwärts, doch dann plötzlich in einem Affentempo steil nach unten. In dem Augenblick, als ich erfuhr, wer die Frau war, die hier gewohnt hatte, dachte ich noch: Wunderbar, das macht es umso reizvoller! Doch kaum hatte ich diese Information verdaut, hörte ich, wie der Mann anfing, all die Schätze aufzuzählen, die er und seine Frau unbedingt behalten wollten.

Die beiden hatten Geschmack, das musste man ihnen lassen, und offenbar auch Ahnung. Man kann vielleicht verstehen, dass ich das etwas bedauerte. Denn auf ihrer Liste fehlte kein einziges von den Möbelstücken, die ich gern übernommen hätte. Und der prächtige Kristalllüster stand natürlich gleich als Erstes drauf. So etwas nennt man dann wohl Ernüchterung.

Ich tröstete mich mit meinem zweiten Standardsatz, der für solche Fälle wie geschaffen ist: »Man kann eben nicht alles haben.« Dass das mit dem Trösten diesmal nicht ganz klappte, merkte ich daran, dass ich den Satz – wenn auch nur in Gedanken – mir nicht etwa mit der Gelassenheit eines Dalai Lama vorsagte, sondern ziemlich böse fauchte. Ich fühlte mich wie ein Schnellkochtopf auf einer zu heißen Herdplatte. Drinnen brodelte es wild, von außen jedoch sollte davon absolut nichts zu merken sein. Wie ich mich kenne, werde ich das Ehepaar dabei angelächelt haben.

Ich ging sogar so weit, ihnen selbstlos die Dienste eines Kollegen anzubieten, der die Möbel nach Nürnberg transportieren könne. Mein Transporter wäre für eine Ladung dieses Ausmaßes eindeutig zu klein gewesen. Ich hätte dreimal fahren müssen, um alles wegzubekommen. Und das wollte ich nun wirklich nicht.

Allerdings – das will ich nicht leugnen – gab es auch einen klitzekleinen Moment, in dem mir der Gedanke durch den Kopf schoss, das Gespräch einfach zu beenden und mich vom Acker zu machen. Niederlagen sollte man sich besser sofort eingestehen, sonst schleppt man sie nur unnötig als Ballast herum.

Dass ich dennoch am Tisch sitzenblieb und den Ausführungen des Paares weiter lauschte, war weniger dem Versuch geschuldet, mich selbst zu trösten, als vielmehr der Hoffnung, der Auftrag könnte sich trotzdem noch als lohnendes Geschäft entpuppen. Diese wiederum nährte sich aus der Tatsache, dass die Wohnung nicht irgendjemandem gehört hatte, sondern einer Schauspielerin, einer ziemlich bekannten sogar.

Es klang so spannend, dass ich einfach an der Sache dranbleiben musste. Ich zog also eins der Formulare aus meiner Mappe, die ich immer dabeihabe, um dem Ehepaar ein schriftliches Angebot zu hinterlassen.

Niemals dränge ich potentielle Kunden zu einer Entscheidung. Im Gegenteil, ich sage ihnen: »Überlegen Sie es sich ganz in Ruhe, und dann können Sie mich gern anrufen. Mein Angebot steht.« Das ist auch keine leere Floskel. Juristisch mag die Zahl, die ich auf das Formular schreibe, in keiner Weise bindend sein, für mich ist sie es. Ich würde nie nachverhandeln, weil ich vielleicht feststelle, dass ich den Arbeitsaufwand falsch eingeschätzt habe. Das kommt durchaus mal vor, aber das ist mein Problem, dann habe ich eben wieder etwas dazugelernt. Besonders bei Einfamilienhäusern vertut man sich schnell. Manche Keller sind dermaßen vollgestopft, dass man vorher gar nicht überblicken kann, was alles weggeschafft werden muss. Dann räumt man etwas beiseite, und auf einmal sieht man, dass sich dahinter noch mehr Stauraum befindet. Und wenn es ganz dicke kommt, stapeln sich dort bis unter die Decke Farbdosen oder andere giftige Chemikalien, die man als Sondermüll nirgends loswird, ohne ins Portemonnaie greifen zu müssen.

Es vergingen zwei, vielleicht auch drei Tage, dann meldete sich der Mann. Wir trafen uns noch einmal in der Wohnung, um sämtliche Formalitäten zu klären und einen verbindlichen Vertrag aufzusetzen. Den Kollegen mit dem Lastwagen, der die Möbel nach Nürnberg transportieren sollte, nahm ich gleich mit, damit auch das geregelt werden konnte. Bevor sich der Auftraggeber von uns verabschiedete, drückte er mir die Wohnungsschlüssel in die Hand. Noch am selben Abend wollte er zurückfliegen. Ich konnte also loslegen.

Doch vorher gönnte ich mir wie üblich ein wenig Zeit, um mich noch einmal gründlich in der Wohnung umzusehen – allein. Da ich die großen Schätze nicht bekommen hatte, hoffte ich, wenigstens ein paar kleine zu finden. Das ist die größte Kunst bei dieser Arbeit: die kleinen – und kleinsten – Schätze nicht zu übersehen.

Meinem Freund Hans-Richard, der nicht in Berlin wohnt, passierte vor vielen Jahren etwas, was mir seitdem ein warnendes Beispiel ist: Er erhielt damals den Auftrag, die Villa eines Rechtsanwalts zu räumen. Der Mann lebte schon länger nicht mehr, nun war auch seine Frau gestorben, obwohl sie deutlich jünger gewesen war als er. Sie hinterließ eine Tochter, vierzehn oder fünfzehn Jahre alt, die sollte alles erben. Da sie aber noch nicht volljährig war, wurde ein Nachlasspfleger eingesetzt, der gleichzeitig für die Verwaltung des Vermögens zuständig war. Er kannte Hans-Richard und hatte ihn engagiert. Von solchen Aufträgen träumt jeder Wohnungsauflöser.

Die Villa war eine einzige Schatzkammer. Das sah er auf den ersten Blick, kaum dass er sie betreten hatte. Allein an den Wänden hing ein Vermögen. Allerdings wollte das Mädchen, dass die meisten Bilder nicht weggegeben, sondern eingelagert werden. Und auch nicht alle Möbel sollten einen neuen

Besitzer finden. Trotzdem blieben noch genügend wertvolle Gegenstände übrig, schließlich war die Villa komplett zu räumen, damit sie anschließend verkauft werden konnte. Das Mädchen wohnte inzwischen bei einer Pflegefamilie, entfernte Verwandte.

Irgendwie entlockte Hans-Richard dem Nachlassverwalter ein Gemälde, das Lesser Ury, ein deutscher Maler, der sich dem Impressionismus verpflichtet fühlte, 1912 oder 1913 während einer Reise durch Holland gemalt hatte, Öl auf Leinwand – Häuser mit roten Dächern. Anscheinend konnte der Mann mit dem Namen Lesser Ury wenig anfangen.

Jedenfalls hatte Hans-Richard den richtigen Riecher. Er ließ dieses Bild später auf einer Auktion versteigern und war selbst erstaunt, dass er fünfundzwanzigtausend Mark dafür bekam. Heute ist der Kunstmarkt noch um einiges verrückter. Das Ury-Gemälde dürfte jetzt das Fünffache wert sein oder sogar mehr.

Hans-Richard ergatterte noch andere Schätze, kleine Bronzeskulpturen, wertvolles Porzellan … es kam einiges zusammen. Auf alle Fälle hatte sich der Auftrag für ihn schon gelohnt, bevor es überhaupt mit dem Ausräumen losging. Vielleicht war es das, was ihn etwas leichtsinnig machte.

Als er mir diese Geschichte erzählte, meinte er, er sei zu der Zeit gerade verliebt gewesen und habe es halt aufregender gefunden, sich mit seiner Angebeteten zu vergnügen, als fremden Hausrat eingehend zu untersuchen.

Am nächsten Tag begann die Räumung. Er schlenderte kurz durch die Villa, entdeckte hier und da noch etwas, das ihm verlockend erschien, aber dann verschwand er. Den Rest sollte einer seiner Mitarbeiter erledigen, der auch sonst für die Knochenarbeit zuständig war und ganz schön ranklotzen musste, um bis zum Abend fertig zu werden. Doch als Hans-Richard später von seinem Rendezvous zurückkam – es war bereits dunkel –, hatte er tatsächlich alles weggeschafft. Bis auf einen Haufen Sperrmüll, den er auf dem Gehweg vor dem Grundstück aufgetürmt hatte. Um den wollte er sich am kommenden Morgen kümmern.

Trotz der Dunkelheit war der Müllberg nicht zu übersehen. Um ihn herum bewegten sich mehrere Gestalten, die ihn emsig nach irgendetwas absuchten. Hans-Richard grübelte, was das zu bedeuten hatte. Dass Menschen neugierig sind, war keine neue Erkenntnis für ihn. Aber warum turnten diese Leute ausgerechnet zwischen dem Sperrmüll herum?

Es waren fünf oder sechs Männer, vielleicht auch sieben. Jeder von ihnen hielt eine Taschenlampe in der Hand. Selbst als sich mein Freund dem seltsamen Schauspiel bis auf wenige Schritte genähert hatte, nahm niemand Notiz von ihm. Sie waren völlig in ihre fieberhafte Suche vertieft. Vielleicht, dachte er, forschten sie nach einem Hinweis darauf, wer ihre Siedlung mit diesem Schandfleck verunstaltet hatte.

Da sie kein Wort sagten und er nicht vorhatte, die ganze Nacht auf dem Gehweg zu verbringen, sprach er sie an, bekam aber keine Antwort. Es schien, als sei seine Frage gar nicht bis zu ihnen gedrungen. Doch dann auf einmal hörte er, wie jemand halblaut und in einem verschwörerischen Ton raunte: »Briefmarken«. Und einen Atemzug später, als wäre er fürs

Echo zuständig, ein zweiter, noch einmal dasselbe: »Briefmarken«.

Auf dem Dachboden der Villa, in einem langen schmalen Raum, hatte der verstorbene Anwalt Unmengen von Aktenordnern gehortet. Die waren Hans-Richard bei seinem Rundgang durchs Haus zwar aufgefallen, aber nicht weiter interessant erschienen. Deswegen hatte er seinen Mitarbeiter angewiesen, sie so, wie sie waren, zu entsorgen. In den Ordnern befand sich hauptsächlich Geschäftspost, aus mindestens vierzig oder fünfzig Jahren. Die älteste datierte aus der Zeit unmittelbar nach dem Zweiten Weltkrieg. Dabei waren nicht nur die Schreiben abgeheftet worden, sondern auch die jeweiligen Umschläge, in denen sie gesteckt hatten.

Genau die waren das Ziel der nächtlichen Expedition. Besonders erpicht waren die Männer auf sogenannte Ganzsachen. Diesen Begriff hat sich ein Berliner Briefmarkenprüfer einfallen lassen, irgendwann Ende des 19. Jahrhunderts muss das gewesen sein. Gemeint waren damit seinerzeit Umschläge und Postkarten mit aufgedruckten Briefmarken. Solche gibt es auch heute noch, aber im Unterschied zu denen wurden die früher meist recht kunstvoll gestaltet – mit schönen Schriftzügen und Wappen oder anderen Abbildungen. Unter Philatelisten sind vor allem die gefragt, die tatsächlich verschickt und somit von der Post abgestempelt wurden. Und von denen wiederum die aus einer bestimmten Zeit, die mit besonderen Briefmarken und Sonderstempeln versehen sind. Dazu gehören beispielsweise Ganzsachen, die zwischen 1945 und 1948 in Berlin von einer Behörde an eine andere verschickt wurden.

Solche Ganzsachen steckten auch in den Ordnern des Anwalts – und zwar nicht wenige. Es handelte sich dabei zumeist um Gerichtspost, was durchaus nahelag. Hans-Richard meint, ihm sei damals ein Vermögen durch die Lappen gegangen. Dass er hinterher einige von diesen Umschlägen im Schaufenster eines Briefmarkengeschäfts wiedererkannte, machte die Sache keineswegs besser.

»Teure Liebschaft«, murmelt er heute noch jedes Mal, wenn wir darauf zu sprechen kommen. Aber er wollte sich damals unbedingt noch ein bisschen mehr quälen, wie es schien. Anstatt solche Läden für die nächste Zeit zu meiden, machte er sich regelrecht auf die Suche nach ihnen. Und wer suchet, der findet – das weiß man ja.

Suchen – das ist das Stichwort. Damit bin ich wieder in der Wohnung der dahingeschiedenen Schauspielerin, wo ich mich noch einmal in Ruhe umsah. Um es gleich vorweg zu nehmen: Der Auftrag machte mich nicht zu einem reichen Mann. Es handelte sich eher um Kleinigkeiten, die noch zu entdecken waren: ein paar silberne Bilderrahmen im Postkartenformat, ein Kerzenleuchter aus Messing, zwei Rosenthal-Vasen, die Abrissgläser aus dem Aufsatzschrank im Wohnzimmer, mehrere Fotoalben, ein Dutzend Drehbücher – und die Schallplatten nicht zu vergessen.

Auch ein Blick in den Kleiderschrank, der im Schlafzimmer über Eck eingebaut worden war und zwei Wände fast komplett einnahm, lohnte sich. Ausgesucht edle Kleidungsstücke hingen dort sorgfältig aufgereiht. Und viele sahen aus, als wären sie niemals getragen worden – was es mir einfacher machte, sie zu verkaufen.

Dann kam der Tag, an dem wir die Möbel für die Reise nach Nürnberg verladen wollten. Es war ein Sonntag, daran erinnere ich mich. Er begann ganz harmlos. Ich frühstückte gemütlich mit meiner Frau, etwas später als üblich, das machen wir am Wochenende immer so. Danach radelte ich zur Wohnung hinüber. Mein Kollege stand bereits mit seinem Lastwagen vor dem Haus, als ich ankam. Er hatte seine Freundin mitgebracht und einen jungen Mann, der mit anpacken sollte. Das war mir nur recht. Wir konnten jede kräftige Hand gebrauchen. Immerhin mussten die Möbel vier Etagen nach unten bugsiert werden – über die Treppe, Stufe für Stufe. Ein Fahrstuhl wäre nicht schlecht gewesen, aber das war – wie wir bald feststellen sollten – nicht unser größtes Problem an diesem Tag.

Wer in seinem Leben so viele Möbel geschleppt hat wie ich, weiß, an welcher Stelle und wie man sie am besten anfasst, um das Gleichgewicht zu halten und es sich nicht selbst unnötig schwer zu machen. Nun bin ich zwar nicht gerade ein Herkules, aber trotzdem stehe ich mit meinen einundsechzig Jahren noch gut im Saft. Vor allem bin ich ziemlich geschickt darin, auch schwere oder schlecht zu fassende Gegenstände von A nach B zu verfrachten. Stinkt ein wenig nach Eigenlob, wenn ich das selbst sage, aber es ist einfach das Resultat jahrelanger Erfahrung. Dabei hilft sicherlich, dass ich eine Vorstellung davon habe, wie Möbel gebaut sind, was sie zusammenhält und wie es um ihre Statik bestellt ist. Zumindest bei antiken Stücken, und um die ging es hier ja.

Dass sich damit ausgerechnet jemand auskennen will, der einst Betriebsschlosser gelernt hat – ich gebe zu, besonders einleuchtend klingt das nicht. Aber ich kann es erklären, dafür muss ich nur ein wenig ausholen:

Vielleicht fange ich gleich da an, wo ich herkomme – aus dem schönen Städtchen Görlitz, ganz im Osten Deutschlands, direkt an der polnischen Grenze. Dort bin ich geboren, 1951, meine Mutter war damals ein ganz junges Ding. Und Vater meinte, er müsse unbedingt Lehrer werden, für Deutsch und Geographie. Ich hätte ihm davon abgeraten, doch mich fragte keiner. Somit waren Kollisionen zwischen uns praktisch unausweichlich. Als Lehrer wünschte er sich einen folgsamen Sohn, der morgens, ein Liedchen trällernd, zur Schule spazierte und nachmittags seine Hefte auf dem Küchentisch ausbreitete, um stolz seine guten Noten zu präsentieren. Ich finde diese Vorstellung auch ganz nett. Nur, soweit sich dieser Wunsch auf meine Person bezog, war er pure Illusion.

Ich hatte nichts gegen Schule – so grundsätzlich und überhaupt. Mich störte nur, dass die Pauker meinten, mir vorschreiben zu müssen, was ich zu tun und zu lassen hatte. Man darf nicht vergessen, zu welcher Zeit sich das abspielte. Strenge Disziplin und sozialistische Linientreue zählten damals ungefähr zehnmal so viel wie alle Unterrichtsfächer zusammen. Um es kurz zu machen: Nach der fünften Klasse warfen sie mich wegen zu vieler Verfehlungen von der Schule. Ich wurde in eine andere strafversetzt. Aber dann, in der zehnten Klasse, geschah etwas, das beinahe einem Wunder glich: Die Prüfungen kamen, und ich bestand sie, alle.

Mit dem Abschlusszeugnis in der Hand konnte ich mich ins Berufsleben stürzen. Warum aus mir ausgerechnet ein Betriebsschlosser wurde? Warum denn nicht? Ist doch kein schlechter Beruf. Die Frage stellte sich irgendwie auch gar nicht. Vater schrieb mir eine Bewerbung, und dann ging es los. Dass ich auf Anhieb eine Ausbildungsstelle bekam, war alles andere als eine große Überraschung. In der DDR kriegte jeder eine.

Aber das ist nur ein Teil der Wahrheit. Tatsache war auch, dass die Bewerber nicht gerade Schlange standen. Oder hat schon mal jemand gehört, dass man ansteht, um in die Hölle zu kommen?

VEB Braunkohlenkombinat Lauchhammer – so hieß die Hölle. Überall Dreck und Gestank, und das in einer trostlosen Gegend. Die Landschaft eine einzige große Wunde, aufgerissen von riesigen Abraumbaggern und anderen Maschinen, die im Tagebau eingesetzt wurden. Ringsherum verpesteten Kokereien die Luft, dass einem das Atmen schwerfiel. Kohlestaub und Ruß legten sich auf die Bronchien, als hätte man sie mit einer Schicht Straßenbelag aus Bitumen überzogen.

Dabei gefiel mir das Handwerkliche an dem Beruf gar nicht so schlecht. Es gab Tage, da machte es richtig Spaß. Das waren allerdings nie die, an denen wir frühmorgens in den Tagebau gekarrt und dort im tiefsten Schlamm abgesetzt wurden, um uns mit irgendwelchen Reparaturarbeiten herumzuplagen. Bei jedem Wetter, ob Regen, Schnee oder Hagel, darum scherte sich niemand. Man kam sich vor wie ein Strafgefangener. Was wohl auch daran lag, dass dort tatsächlich Knackis schufteten. Ihnen wurden noch üblere Arbeiten zugeteilt, Gleise verlegen und so etwas. Mein lieber Scholli, das waren harte Jungs, vor denen nahm man sich besser in Acht.

Trotzdem, die Zeit war eine gute Schule, so fürs Leben meine ich. Nach den zwei Jahren in Lauchhammer wusste ich sehr genau, wo ich nie wieder hinwill. Außerdem dachte ich, dass mich nichts mehr erschüttern könnte. Das stellte sich allerdings als Irrtum heraus, und zwar schneller, als mir lieb war.

Gleich danach verschlug es mich nämlich an einen Ort, gegen den Lauchhammer höchstens die Vorhölle gewesen war: Schkopau. Meine neue Arbeitsstelle waren die Buna-Werke, eine Dreckschleuder im Großformat. An manchen Tagen quollen die Giftwolken wie Atompilze aus den Schloten. Zum Glück blieb ich dort nicht lange. Die Staatsmacht rief und meinte, jetzt sei ich an der Reihe, dem Volk zu dienen – mit der Waffe in der Hand. Richtiger hätte es heißen müssen: im Dreck. Auch wenn das diesmal anderer war, meine Pechsträhne hielt an.

Sie verbannten mich nach Eggesin. Das Kaff liegt zwar ziemlich nah an der Ostsee, wo ich zur Abwechslung mal klare Luft zu atmen bekam. Doch die Kaserne dort galt als die berüchtigtste Schleifanstalt schlechthin. Mot.-Schützen-Kompanie, mit einem Truppenübungsplatz größer als der Ort selbst. Im Sommer eine Staubwüste, die restliche Zeit des Jahres eine riesige Schweinesuhle. Krieg spielen und Gras fressen, und dabei musste man immer schön aufpassen, dass einem die eigenen Panzer nicht aus Versehen die Birne platt walzten – oder irgendeinen anderen Körperteil.

Wenn ich daran zurückdenke, es war ein einziger Albtraum! Manche haben sich vor Angst in die Hose gemacht, und das war noch das Harmloseste, was einem passieren konnte. Andere sind beim Kriegspielen draufgegangen. Kein Wort würde ich hier über diese Zeit verlieren, hätte mein Leben dort oben an der Küste nicht eine Wendung genommen, die alles veränderte.

Eines Tages kehrte ich völlig ermattet von einer dieser Ballerübungen zurück und wollte mich auf meine Koje schmeißen, doch da lag schon jemand: ein Typ, den ich noch nie gesehen hatte. Ein Strafversetzter, wie ich hörte. Das erinnerte mich an meine vermaledeite Schulzeit und machte ihn mir sofort sympathisch. Noch mehr Sympathiepunkte gab ich ihm, als er mir seine ganze Geschichte erzählte: Mit einem Freund war Peter – ich nenne ihn mal so, obwohl er anders hieß – in Potsdam über die Mauer geklettert, nach Westberlin, ein paar Tage drüben geblieben und dann wieder zurückgekehrt – auf dem gleichen Weg und ohne dass jemand etwas gemerkt hatte. Hätten die beiden dichtgehalten, es wäre vermutlich nie herausgekommen. Doch einer von ihnen muss sich verplappert haben. Jeder andere wäre für Jahre in den Knast gewandert, diese beiden wurden nicht einmal vor Gericht gestellt.

Mit ziemlicher Sicherheit hatten sie diesen Umstand Peters einflussreicher Familie zu verdanken. Sein Vater leitete einen großen volkseigenen Betrieb, und dessen Bruder – Peters Onkel – war ein hoher Parteifunktionär. Peters Kumpel wiesen sie zur Strafe in eine Nervenklinik ein, er selbst landete in Eggesin.

Der Neuzugang und ich wurden sofort Freunde. Bis dahin hatte ich mehr oder weniger in den Tag hinein gelebt. Ich meine, ich war ein junger Spund und wollte Spaß haben. Durch ihn fing ich an, mir Gedanken über die Zukunft zu machen. Wir schmiedeten Pläne, was wir nach der Armeezeit anstellen könnten. Peter schaffte sogar etwas, das weder meinen Eltern noch den Lehrern in der Schule geglückt war: Auf einmal wollte ich lernen, aus freien Stücken, um aus meinem Leben etwas zu machen. Durch Peter als ich Bücher von Camus, und Salingers *Der Fänger im Roggen*. Und später holte ich an der Abendschule sogar das Abitur nach.

Aber noch entscheidender war, dass er mir zu einem Job als Betriebsschlosser in Sanssouci in Potsdam verhalf, als das Durch-den-Dreck-Robben zu Ende ging. Sogar eine kleine Wohnung am Eingang des Parks gehörte dazu. Im Vergleich zu den Stationen vorher ein wahres Paradies.

Mit einem Schlag war ich ein glücklicher Mensch. Mein Herz quoll regelrecht über vor Dankbarkeit. Dass ich nur allzu bereit war, mich erkenntlich zu zeigen, wird jedem einleuchten. Das Leben ist nun mal ein Geben und Nehmen. Und tatsächlich bot sich bald die Gelegenheit. An dem Tag rief mich der Kaderleiter – heute würde man Personalchef sagen – in sein Büro. Aus irgendeinem Grund hatte er sich in den Kopf gesetzt, mich zum FDJ-Sekretär zu krönen. FDJ stand für: Freie Deutsche Jugend, so hieß die Jugendorganisation in der DDR. Was für mich immer ein Witz war – von wegen frei!

Man kriegte schon Ärger, wenn man so frei war und bei dem Verein nicht mitmachte. Aber wie gesagt, ich durchlebte gerade eine Phase äußerster Dankbarkeit, die mich gefügig stimmte.

Trotzdem ist es die Geschichte eines Missverständnisses: Da ich niemanden verärgern wollte, übernahm ich den Posten. Sie schickten mich sogar zu den Weltfestspielen der Jugend und Studenten, eine große Auszeichnung damals. Aber irgendwann flog der Schwindel auf: ein FDJ-Sekretär, der gar nicht in der FDJ war! Ich konnte darüber herzhaft lachen – der Herr Kaderleiter und meine Chefs allerdings nicht. Da kündigte ich besser gleich selbst.

Weshalb habe ich diesen kleinen Ausflug in meine Vergangenheit unternommen? Durch die Arbeit in Sanssouci war das Saatkorn für meinen zukünftigen Beruf gelegt worden. Ich war mit kostbaren alten Möbeln und anderen Gegenständen aus längst vergangenen Tagen in Berührung gekommen – also, ich durfte sie zumindest sehen, mit anfassen war da natürlich nichts. Vor allem aber hatte ich dadurch ein Gefühl für ihre Schönheit entwickelt. In Sanssouci kam ich auf den Geschmack, auch wenn es mir zu diesem Zeitpunkt vielleicht noch nicht bewusst war.

Aber noch etwas war von großer Bedeutung für meine Zukunft: In Potsdam kam ich mit Leuten zusammen, die sich für Kunst und Antiquitäten interessierten. Es gab damals ein Café im Holländischen Viertel, das einzige in der Stadt, das privat betrieben wurde. Dort traf sich ein buntes Völkchen –

Intellektuelle, Künstler, Militärs, Säufer und meistens auch Frauen, die einem frivolen Abenteuer nicht abgeneigt waren. Neben seiner eigentlichen Bestimmung diente das Café als Kontakt- und Tauschbörse. Hier wurden die überaus raren Ersatzteile für Trabis gehandelt, verbotene Bücher weitergereicht oder Geschäfte mit Antiquitäten eingefädelt. Für jemanden wie mich, der die Welt noch entdecken wollte, ein spannendes Pflaster. Es dauerte nicht lange, dann tauchte ich in die Szene ein. Den Rest erledigte der Zufall.

Irgendwann zog ich in eine Wohnung in der Berliner Vorstadt, nicht weit entfernt von den Villen, in denen heute bekannte Fernseh- und andere Promis residieren. Damals sah es in der Ecke allerdings nicht halb so vornehm aus wie heute. Ich hatte zwei bescheidene Zimmer, und mein neuer Nachbar hieß Bernhard. Seine Wohnung lag direkt gegenüber, war mindestens doppelt so groß wie meine, aber er brauchte die Fläche auch. Bernhard handelte mit Antiquitäten. Er besaß Möbel, von denen ich bis dahin nicht einmal gewusst hatte, dass es solche überhaupt gab. Seine Geschäfte schienen gut zu laufen. Dass sie illegal waren, wusste ich nicht. Und selbst wenn es anders gewesen wäre, es hätte mich kaum interessiert.

Wie wir beide uns kennenlernten, kann ich gar nicht mehr sagen, aber irgendwann standen die Türen zu seiner und meiner Wohnung ständig offen, so dass unsere beiden Behausungen fast wie eine waren. Bernhard lebte, als wäre jeder Tag ein Fest. Er beschäftigte sich mit schönen Dingen und verdiente dabei auch noch Geld. Wenn es etwas gab, das mir erstrebenswert erschien, dann das.

Zu meinem ersten Geschäftserfolg verhalf mir meine Mutter in Görlitz. Jemand hatte ihr von einer Familie aus der Nachbarschaft erzählt, die ihr Haus entrümpeln und deswegen ein paar alte Sachen weggeben wolle. Dazu gehörten zwei Ölgemälde, nicht besonders groß und auch nicht von enormem Wert. Ich schnappte sie mir trotzdem, für vierzig Mark. DDR-Mark wohlgemerkt, also fast umsonst. Wieder zurück in Potsdam, trieb ich tatsächlich jemanden auf, der die beiden Bilder haben wollte. Wir verhandelten kurz, dann bot er zweihundertfünfzig Mark dafür. Mir blieb fast die Spucke weg – welch ein Gewinn! Sofort schlug ich ein.

Ich will dieses Erlebnis keineswegs überbewerten, aber in diesem Moment wurde der Schatzsucher in mir geboren – nicht mehr und nicht weniger.

Ein Weilchen später kam mir zu Ohren, dass der Direktor einer Schule einen alten Schrank loswerden wollte, er brauchte Platz auf dem Dachboden. Ansehen kann man ihn sich ja mal, dachte ich. Als ich vor dem Möbelstück stand, klappte mir die Kinnlade runter. Schönster Potsdamer Barock, Nussbaum furniert, mit feinen Intarsien, wirklich edel. Mitte 18. Jahrhundert. Zwei Meter vierzig hoch, knapp zwei Meter breit. Und das Ganze verkeilt, also komplett ohne Schrauben, noch echte Möbelbaukunst. Mit leichten Macken zwar, aber die würde man beheben können, so viel verstand ich inzwischen davon. Und ich wusste auch: Für Sammler war das ein Traumteil. Sofort schossen mir zwei Gedanken durch den Kopf: Den kannst du niemals bezahlen! Und falls doch, wie sollst du diesen Koloss wegbekommen?

Ich hatte Glück, der Schuldirektor war kein gieriger Mensch, wir einigten uns auf einen Kaufpreis von vierhundert Mark. Mehr hätte ich auch nicht herausrücken können, es war alles, was ich besaß. Beim Abtransport half mir ein Bekannter, der bei der DEFA, der volkseigenen DDR-Filmfirma, als Requisitenfahrer beschäftigt war. Keine halbe Stunde verging, da kam er mit seinem Robur-Lastwagen um die Ecke gerollt.

Am liebsten hätte ich den Schrank selbst behalten, aber dann hätte ich bis zum nächsten Lohn nichts zu futtern gehabt. Und um ehrlich zu sein, ich wollte den Schatz, den ich gehoben hatte, natürlich auch vorzeigen. Dass er wertvoll war, daran hatte ich keinen Zweifel. Als dann jedoch jemand aufkreuzte, der mir auf der Stelle fünfzehntausend Mark dafür geben wollte, dachte ich für einen Moment, mein Herz setzt aus. Wer hätte da nein gesagt? Das war wie ein Lottogewinn!

Später arbeitete ich selbst bei der DEFA, als Requisiteur. Meine Aufgabe bestand hauptsächlich darin, Drehorte einzurichten, wie wir das nannten. Meistens waren es Außendrehorte, für die wir übers Land kutschieren mussten – in kleinen Ortschaften oder Dörfern. Und das kam meinen nebenberuflichen Ambitionen sehr entgegen.

Wohnungsräumungen in dem Sinne wie heute gab es damals nicht. Ich spezialisierte mich auf eine Art Vorstufe davon. Dafür brauchte auch nicht erst jemand gestorben zu sein. Ich klingelte einfach bei den Lebenden an der Tür und bot ihnen an, ihren alten Krempel mitzunehmen, den sie doch gewiss loswerden wollten. Und die Leute schienen nur auf mich gewartet zu haben. Das meine ich gar nicht ironisch. Ab und zu sagten welche, sie hätten nichts, weil ihr Hab und Gut bei Kriegsende auf der Flucht komplett verlorengegangen sei. Doch die meisten baten mich freundlich herein und meinten, ich könne mich gern im Schuppen umsehen oder auf dem Dachboden oder im Keller, da müssten noch irgendwelche Sachen von früher stehen.

Den Schauspielern am Drehort blieb natürlich nicht verborgen, was ich in meiner Freizeit trieb. Ich machte auch kein Geheimnis daraus, immerhin konnten sie potentielle Kunden sein. Und tatsächlich, einige gaben regelrecht Bestellungen auf. Für einen noch heute bekannten Schauspieler zum Beispiel sollte es ein bemalter Bauernschrank aus der Oberlausitz sein. Ein anderer war scharf auf eine barocke Kommode. Und beide sollten nicht lange warten müssen.

Als die Zeit bei den Leuten vom Film für mich vorbei war, machte ich genauso weiter. Mit einem Bekannten kurvte ich kreuz und quer durch die Republik und sackte ein, was mir brauchbar erschien. Niemals kamen wir ohne etwas zurück. Das Geschäftsmodell funktionierte, es lief prächtig.

Bis ich eines Morgens unsanft geweckt wurde. Es war noch dunkel. Jemand hämmerte gegen die Tür. Meine Nachbarn konnten das nicht sein, die benahmen sich zivilisierter. Noch halb im Schlaf, dachte ich: »Bleib einfach liegen! Wer immer das sein mag, der geht auch wieder.«

Von draußen hörte ich Stimmen, jemand sagte: »Der ist da! Der ist da!«

Auf einmal krachte es. Die Wohnungstür flog auf. Im ersten Schock warf ich blitzschnell die Wohnzimmertür zu und schloss ab. Als ich sie zwei oder drei Augenblicke später öffnete, weil ich fürchtete, sie würde sonst auch kleingehauen, purzelten mir zehn Polizisten vor die Füße.

Es können auch zwölf gewesen sein – oder nur sieben. Ich habe in dem Moment nicht so genau nachgezählt. Das Zimmer war jedenfalls plötzlich rappelvoll, so dass ich mich lieber verdrückt hätte. Ich mag es nicht so eng. Aber die Herrschaften meinten, sie könnten auf meine Anwesenheit nicht verzichten, während sie meine Wohnung auf den Kopf stellten und sich dabei austobten wie kleine Jungs, denen man das Spielzeug weggenommen hat. Sie rissen Möbel um und fegten meine Bücher aus dem Regal.

Für meine Person hatten sie sich eine Spezialbehandlung ausgedacht: Erst traten sie mir die Beine auseinander, so dass ich fast in die Grätsche ging. Dann landete mein Kopf an der Wand, zuvorderst das Gesicht, das nach dem unfreiwilligen Aufprall mit einem Mal ganz warm wurde – von dem Blut, das aus meiner Nase rann.

Die Angelegenheit endete so unschön, wie sie begonnen hatte. Eine Anklage wegen Steuerhinterziehung und asozialen Verhaltens wurde konstruiert. Ersteres wäre nicht zu halten gewesen, hätten die sogenannten Ermittler nicht nachträglich alte Rechnungen und Unterlagen gefälscht. Aber das mit dem asozialen Verhalten, das stimmte schon – nach deren Definition: Ich gehörte mittlerweile keinem Arbeitskollektiv mehr an, sondern verdiente mein Geld durch private Geschäfte. Solche aber hatte es im Sozialismus möglichst nicht zu geben, von ein paar Bäckern oder Fleischern einmal abgesehen, die sich an der Versorgung der Bevölkerung beteiligten, was natürlich etwas völlig anderes war.

Die Gerichtsverhandlung dann – eine einzige Farce. Fast zwei Jahre brummten sie mir auf, ohne Bewährung. Immerhin ging mein Anwalt gegen das Urteil in Berufung. Doch erst nach zehn Monaten kam ich wieder frei.

Nicht, dass es mich getröstet hätte, aber ich war nicht der Einzige gewesen, den sie sich gegriffen hatten. An dem Tag wurden in der gesamten DDR Leute wie ich aus dem Verkehr gezogen. Auch Bernhard, mein Nachbar, der musste noch länger sitzen. Dabei ging es weniger um die Person, als um das, was ihr gehörte. Ich war ein kleiner Fisch. Andere besaßen viel mehr Antiquitäten oder sogar wertvolle Kunstsammlungen, die ihnen auf diese Weise abgeknöpft wurden.

Hinter der Aktion steckten Schalck-Golodkowski und seine Lakaien. Falls es in Vergessenheit geraten sein sollte: Das war der Kerl, den Honecker zu seinem obersten Devisenbeschaffer gemacht hatte. Ein hoher Stasi-Offizier, der alles verhökerte, wofür er D-Mark oder Dollar rausschlagen konnte. Und wenn es das uralte Kopfsteinpflaster in irgendeinem verlassenen Kuhdorf war.

Wer sich jetzt fragt, warum ich nach dieser unschönen Episode nicht aufgehört habe, hat mich nicht verstanden. Wie hätte das gehen sollen – ein Schatzsucher, der keine Schätze mehr suchen darf? Das ist ja nichts, was man selbst entscheidet. Entweder es hat einen gepackt und man ist infiziert, oder eben nicht. Wenn ja, dann kann man nicht einfach davon lassen. Es kribbelt einen so lange, bis man endlich wieder loszieht, um etwas zu entdecken.

Ich legte also nur eine Pause ein, um wieder auf die Beine zu kommen. Für dieses Stück Deutschland war ich allerdings verloren, in der DDR wollte ich auf keinen Fall bleiben. Ich stellte einen Ausreiseantrag, der weder abgelehnt noch bewilligt wurde. Sie sagten, bevor in meiner Sache entschieden würde, müsste ich die Steuerschulden begleichen, die sie mir bei dem Prozess aufgedrückt hatten.

Sieben Jahre brauchte ich dafür, dann durften wir endlich raus. »Wir« sage ich deshalb, weil ich in der Zwischenzeit Eva kennengelernt hatte, die noch heute meine Frau ist. Zusammen mit ihrer kleinen Tochter siedelten wir nach Westberlin über. Es dauerte einige Zeit, bis wir uns dort zurechtfanden. Aber dann kam auch schon die Wende, ich wurde wieder Schatzsucher, und irgendwann ging es los mit den ersten richtigen Wohnungsauflösungen.

Seitdem waren Jahre vergangen. Ich hatte längst aufgehört, die Räumungen zu zählen, für die ich engagiert worden war, und all die Möbel, die ich dabei geschleppt habe. Mir musste also niemand erzählen, wie man die antiken Stücke aus der Wohnung der verstorbenen Schauspielerin tragen sollte. Und meinem Kompagnon an diesem Tag auch nicht, der war darin nicht weniger erfahren als ich.

Als Erstes nahmen wir uns den Biedermeier-Aufsatzschrank vor, genauer gesagt, das Oberteil davon. Schlau von den alten

Möbelmachern, dass sie solche Schränke nicht aus einem Stück schnitzten. Doch kaum hatten wir das Teil angefasst, so behutsam es irgend ging, verabschiedete sich eine der Profilleisten und klatschte zu Boden. Als wäre sie nur provisorisch mit Spucke festgepappt gewesen oder mit einem Kaugummi, der inzwischen getrocknet war.

Da wir den Aufsatz bereits in den Händen hielten und sein ganzes Gewicht spürten, wäre es womöglich gefährlich gewesen, sich aufzuregen. Außerdem: Eine Profilleiste, die sich selbstständig machte, war schließlich kein Drama. Die würde man ohne großen Aufwand wieder anleimen können. Also machten wir weiter, als sei nichts geschehen.

Dann packten wir das Unterteil an, die Kommode, die wir zuerst verladen wollten. Wir gingen einen Schritt, und aus irgendeinem Reflex heraus drehte ich mich noch einmal zu der Stelle um, an der sie gestanden hatte. Das kennt jeder: Man guckt auf etwas, nur flüchtig, weil man nichts Besonderes erwartet, schaut wieder weg – doch in dem Augenblick fängt es im Hirn an zu rattern. Man denkt: Moment, das hast du jetzt nicht wirklich gesehen! Das bildest du dir bloß ein! Um sich zu vergewissern, dass es sich tatsächlich nur um eine Sinnestäuschung handelt, schaut man noch mal hin und ist bass erstaunt, dass es doch kein Irrtum war.

Genau so erging es mir. Drei Beine der Kommode hatten sich entschieden, uns nicht auf dem Weg nach unten zu folgen. Sie standen träge dort, wo sie seit Jahren die Kommode gestützt hatten, als hätten sie den Abmarsch verpennt.

Das brachte uns wohl etwas durcheinander, denn sonst

wäre das nächste Malheur nicht passiert. Nachdem wir die Kommode verladen hatten, sollte der Aufsatz folgen. Beim Hinaustragen streifte einer von uns mit seinem Arm eine Flasche, die auf dem großen Mahagonitisch stand. Das war sicherlich ein Fehler, doch der weitaus größere war gewesen, die Flasche überhaupt dorthin zu stellen. Auf eine schellackpolierte Tischplatte! Ich wage fast nicht zu erwähnen, dass es sich um Cola handelte – und leider war die Flasche nicht zugeschraubt.

Man konnte es förmlich zischen hören, als sich die braune Brühe auf dem edlen Untergrund ausbreitete. Selten war ich so schnell in einem Bad verschwunden und wie der Blitz wieder zurück, mit einem Handtuch, das die Cola aufsaugen sollte. Das ging auch ganz fix, aber natürlich nicht spurlos. Schellack ist für Überschwemmungen prinzipiell nicht das richtige Material. Zwar löst er sich in Wasser nicht auf, fängt aber sofort an zu quellen, sobald er mit Flüssigkeit in Berührung kommt. Und dazu noch das nicht unerhebliche Ätzpotential der Cola – nein, diese beiden Stoffe vertrugen sich gar nicht gut. Vorsorglich habe ich beim Möbelausräumen immer eine besondere Politur dabei, ein richtiges Zaubermittel. Doch selbst dessen Wirkung blieb hier begrenzt.

Wir hatten dem Ehepaar versprochen, sorgfältig mit den Sachen umzugehen und sie unbeschadet zu ihm nach Hause zu bringen. Das ging mir die ganze Zeit durch den Kopf. Allmählich meldete sich mein Magen, aber nicht etwa weil ich Hunger verspürte.

Wir wurden noch vorsichtiger, sahen uns jedes Teil erst gründlich an, bevor wir es in die Hände nahmen. Hätten wir Samthandschuhe dabeigehabt, an diesem Tag hätten wir sie übergestreift.

Irgendwann hatten wir uns zum Gästezimmer durchgearbeitet. Das Biedermeierbett sollte ebenfalls die Reise ins Frankenland antreten. Im Wesentlichen bestand es aus Kopf- und Fußende, die durch zwei Bretter an den Seiten miteinander verbunden waren. Keine komplizierte Konstruktion; man musste kein Wissenschaftler sein, um herauszufinden, wie man sie auseinandernimmt. Einfach die Bretter vorn und hinten aushaken, schon hatte man alles in Einzelteilen – normalerweise.

Doch an diesem Tag war anscheinend gar nichts normal. Erst versuchten wir es vorsichtig, dann einen Tick energischer. Am Ende zerrten und ruckelten wir, bis uns vor lauter Anstrengung die Adern an den Hälsen hervortraten und die Gesichter sich rot verfärbten. Es nützte alles nichts. Dann sah ich sie …

… Nägel!

Welch ein Frevel! Ich traute meinen Augen kaum. Darauf musste man erst einmal kommen. Da hatte doch tatsächlich jemand Nägel ins Holz gedroschen. Ohne sie klapperte das Bettgestell wie ein altes Gerippe. Ich hockte mich völlig entnervt auf den Boden, mehr als ein Kopfschütteln kriegte ich nicht mehr hin.

In der Sekunde fiel es mir wie Schuppen von den Augen. Ich schraubte mich in den Stand hoch, und während ich mich einmal um die eigene Achse drehte, um jeden Winkel des Zimmers in den Blick zu bekommen, setzte ich ein künstliches Lächeln auf. Irgendwo, dachte ich, muss hier eine Kamera versteckt sein! Die filmen uns, das kann gar nicht anders sein. *Verstehen Sie Spaß?* oder so etwas.

Ich fand nur nirgends eine Kamera. Und es erschien auch niemand auf der Bildfläche, der uns aus diesem Albtraum erlöste. Das Allerschlimmste aber war: Es lief so weiter – als wären wir in einen falschen Film geraten.

Einerseits wagten wir kaum, das nächste Möbelstück auch nur anzusehen. Andererseits versuchten wir uns einzureden, dass mehr wohl kaum schiefgehen könne. Aber das war definitiv ein Irrtum.

Es wurde Abend. Durch die ständigen Pannen und Hindernisse dauerte das Verladen länger, als wir geplant hatten. Immerhin war ein Ende in Sicht. Nur noch ein Nähtischchen aus dem Schlafzimmer und zuletzt der Kronleuchter; ihm wollten wir einen Ehrenplatz auf dem Lastwagen verschaffen.

Der Lyra-Nähtisch war ein echtes Schmuckstück. Auch er stammte aus der Biedermeierzeit, ungefähr um 1840. Kirschbaumholz, intarsiert, die Tischplatte zum Hochklappen, und mit wunderschön geschwungenen Beinen. Ein Exemplar wie dieses findet man nicht mehr häufig. Dementsprechend hoch fallen die Preise aus, ab tausend Euro aufwärts.

Das allerdings führt dazu, dass immer wieder Fälschungen unter die Leute gebracht werden. Als Käufer muss man da sehr genau hingucken. Aber dieser hier war echt. Ich griff mit der üblichen Vorsicht nach ihm – einen Säugling würde man nicht sanfter anfassen –, hob ihn zart an, beinahe in Zeitlupe. Vier oder fünf Zentimeter, kaum höher, da war es schon geschehen: Eines der Beine kippte einfach zur Seite weg. Es war wie verhext.

Dann das Finale – der Kristalllüster, das Prunkstück der Wohnung! Vielleicht haben wir vor lauter böser Vorahnung zu sehr gezittert, als wir uns dranmachten, ihn von der Decke abzumontieren, aber das glaube ich nicht. Vorher hätte ich geschworen, ich sei ein Fachmann im Abhängen von Lampen. Hunderte hatte ich bis dahin runtergeholt, nie war etwas schiefgegangen. Und hier?

Kaum war ich mit einer Hand an dem Kronleuchter, knickte auf der gegenüberliegenden Seite einer der Lüsterarme ab, einfach so. Die Luftbewegung muss ausgereicht haben, denn berührt hatte ihn keiner von uns.

Wenn ich es nicht besser gewusst hätte, dies wäre ein Tag gewesen, an dem man anfangen konnte, an Geister zu glauben oder an irgendwelche übernatürlichen Kräfte.

Zum Glück kam mir Pasco Fix in den Sinn, ein Industriekleber, der wahre Wunder bewirken kann. Ich habe mir angewöhnt, immer ein Fläschchen davon zu Hause zu haben. Mit dem Zeug kann man so ziemlich alles reparieren, selbst das Messing des Lüsterarms war kein Problem. Zwei, drei Tröpfchen, ein bisschen Geduld, und die Sache war erledigt.

Etwas mulmig war uns dennoch zumute, als wir uns die fertige Ladung ansahen. Wenn sich schon bei bloßer Berührung

Teile von den Möbeln lösten, wie würden diese erst aussehen, nachdem sie vierhundertachtzig Kilometer durchgeschüttelt wurden?

Mein Bekannter brach am nächsten Morgen in aller Herrgottsfrühe auf. Einer seiner Mitarbeiter begleitete ihn, damit er beim Entladen nicht allein dastand. Am späten Abend kehrten beide wieder zurück. Ich wartete schon ungeduldig, was sie berichten würden, doch alles war gutgegangen. Vielleicht hatte es doch an der Wohnung gelegen. Schlechtes Karma oder so, man kann ja nie wissen.

Der Zauber, den sie bei der ersten Besichtigung ausgestrahlt hatte, war jedenfalls verflogen. Leergeräumte Wohnungen sind meist ein trostloser Anblick, da gibt es kaum Ausnahmen. Und auch bei mir war nichts mehr von der Euphorie des Anfangs zu spüren. Jetzt wartete nur noch schlichte Schufterei: den Einbauschrank zerlegen und zum Zerschreddern bringen, im Gäste- und im Schlafzimmer die Teppiche herausreißen, die Holzverkleidung auf dem Balkon abschrauben, die Löcher in den Wänden zuspachteln, den letzten Müll entsorgen – lauter solche Sachen.

# Farben

Die Villa befand sich am Stadtrand von Berlin. Weit draußen im Südwesten, wo die Häuser weniger werden, dafür mehr und üppigeres Grün sprießt. Weitläufige Gärten, Waldstücke – und Wasser. Das Strandbad Wannsee lag gleich um die Ecke, zu Fuß keine zehn Minuten. Ich hielt vor dem Grundstück, schaltete den Motor aus, blieb jedoch noch ein Weilchen sitzen, da ich zu früh dran war. Hinter dem dichten Laub einer hohen Ligusterhecke versteckte sich ein Sechziger-Jahre-Bau. Zwei Stockwerke, darüber ein Flachdach, die Architektur an den Bauhaus-Stil angelehnt. Solide und groß, aber nichts Spektakuläres.

Dieser Eindruck verflüchtigte sich in dem Augenblick, als ich das Haus betrat. Der Flur glich einer Empfangshalle, und dort starrten mich gleich acht Augen an. Genauer gesagt waren es zwölf, wenn man die der beiden Männer dazu zählte, mit denen ich verabredet war. Die zwei Brüder, Enkelkinder der Frau, die das Haus bis vor kurzem bewohnt hatte, waren aus Würzburg angereist, um den Nachlass zu regeln. Ihre Großmutter sei hunderteins geworden, erzählten sie, und dass sie im Kopf fast bis zuletzt gut beieinander gewesen sei. Ich hörte ihnen zu, fühlte mich aber irgendwie abgelenkt. Es war unmöglich, in diesem Raum zu stehen, ohne das Gefühl zu haben, beobachtet zu werden.

Die anderen Augen blickten von vier Porträts auf uns herab. Auf einem war eine Frau abgebildet, die anderen drei zeigten Männer. Jedes war mit Ölfarbe auf Leinwand gemalt, in Lebensgröße wie mir schien, und opulent golden gerahmt, eindeutig Barock. Außerdem wiesen die Bilder Signaturen auf – ein mögliches Anzeichen dafür, dass die Maler nicht ganz unbedeutend gewesen waren. Ihr Handwerk hatten sie auf jeden Fall beherrscht, das sah man.

Mein erster Gedanke: ein Haushalt mit Geschichte. Der zweite: Arme Leute können das nicht gewesen sein.

Damit lag ich vollkommen richtig. Bei den Herrschaften, deren Abbilder auf diese Weise der Nachwelt erhalten wurden, handelte es sich um Vorfahren der beiden Brüder. Auf dem ältesten war ihr Ururgroßvater zu sehen, wie er in Sonntagsgarderobe auf einem Sessel sitzt, leicht seitlich, den rechten Arm auf die Lehne gestützt. Sein Charakterkopf erinnerte mich ein wenig an Bilder von Richard Wagner.

Dieser Ururgroßvater hatte 1847 in Dresden eine Fabrik gegründet, in der Farben herstellt wurden. Wenn man ganz genau sein will, ging es eigentlich in Zehmen los, einem kleinen Nest südlich von Leipzig; das sucht man heute vergeblich auf der Landkarte. Es musste in frühen DDR-Zeiten einem Braunkohletagebau weichen. Aber zu einer richtigen Fabrik wurde das Unternehmen erst in Dresden, wohin die Familie offenbar noch im selben Jahr, also 1847, übersiedelte. Und dort wuchs die Firma, bis in halb Europa Niederlassungen existierten, wohl sogar in Russland.

Das alles hätte ich vielleicht gar nicht besonders interessant gefunden, hätte es sich um gewöhnliche Farben gehandelt. Solche produzierten sie zwar auch, aber darüber hinaus stellten sie so genannte Sicherheitsdruckfarben her, die für Banknoten und Briefmarken verwendet wurden. Das machte die Geschichte irgendwie spannender und regte meine Phantasie an. Denn Firmen wie diese wird es damals nicht an jeder Ecke gegeben haben. Später las ich irgendwo, dass das Unternehmen in der Druckfarbenherstellung sogar weltweit führend gewesen sei. Womit sich die Vermutung aufdrängt, die Familie könnte einmal recht einflussreich gewesen sein.

Um mir auch nur einen groben Überblick über das Inventar des Hauses zu verschaffen, hätte ich locker zwei, drei Tage gebraucht. Die Brüder gewährten mir ungefähr eine Stunde, dann war unser gemeinsamer Rundgang beendet, und sie schienen zu erwarten, dass ich ihnen eine Summe nenne.

Ein klassischer Fall von Mischkalkulation. Einerseits sollte das Haus vollständig leergeräumt werden, das hätte Geld für mich bedeutet. Andererseits barg es viele Schätze, die sie demjenigen überlassen wollten, der den Auftrag bekam. Mit Ausnahme eines schwarzen Flügels, für den interessierte sich einer der beiden selbst. Darüber war ich, ehrlich gesagt, auch nicht unglücklich. Zwar war dies ohne Frage ein sehr schönes Instrument, das in den richtigen Räumlichkeiten sehr gut zur Geltung kommen würde. Und ich bin auch gern bereit, mich für ein lohnendes Objekt ein bisschen zu quälen, aber so ein Flügel stellt eine echte Herausforderung dar. Man brauchte sich bloß umzusehen: Schon die Türen in dem Haus wären eine ernste Hürde gewesen. So oder so, es hätten Fachleute rangemusst, und das wäre eine ziemlich kostspielige Angelegenheit geworden.

In Abstimmung mit meinem Bauch, der durchweg positive Signale sendete, bot ich nach raschem Überschlagen im Kopf einen fünfstelligen Eurobetrag im unteren Bereich, die kostenlose Räumung dazugerechnet. Das schien mir ein faires Angebot. Wäre ich mit den Brüdern ganz allein auf der Welt gewesen, hätte ich wahrscheinlich eine niedrigere Summe in den Raum gestellt, weil man ja nie weiß, ob man das, was einem verkäuflich erscheint, auch zu einem vernünftigen Preis loswird. Aber man musste schon blind sein, wenn man glaubte, dass sich nicht auch andere um einen solchen Auftrag reißen würden.

Was die zwei von meinem Angebot hielten, ließen sie sich nicht anmerken, aber ich hatte ein gutes Gefühl. Zum Abschied sagten sie: »Wir melden uns bei Ihnen.«

Üblicherweise dauert es zwei oder drei Tage, bis man etwas von den Leuten hört. Diesmal verstrichen ganze zwei Wochen, in denen ich nicht gerade zuversichtlicher wurde. Als dann einer von den Brüdern anrief, hatte ich mich fast schon auf eine Absage eingestellt. Ein bisschen Hoffnung war da vielleicht noch, aber die köchelte wirklich auf Sparflamme. Der Anrufer gab ihr wieder etwas Nahrung. Er meinte, ich hätte es in die engere Wahl geschafft, doch nun müsse noch der Familienrat entscheiden.

Danach war wochenlang Funkstille. Allmählich fing ich an, mich zu ärgern. Das passiert nicht häufig, aber diesen Auftrag hätte ich schon gern gehabt. Irgendwann ertappte ich mich dabei, wie ich bei Autofahrten ungeplant und wie ferngesteuert Umwege einlegte – und mich dann auf einmal ganz in der Nähe des Hauses wiederfand.

Das ist eigentlich nicht meine Art, doch in diesem Fall konnte ich nicht anders. So lange hatte mich noch kein Auftraggeber zappeln lassen. Ich sagte mir, die Sache ist bestimmt längst entschieden, da wird schon jemand fleißig am Ausräumen sein. Und wenn das so war, wollte ich es wenigstens wissen.

Zwar entwickelte ich nicht direkt ein Ritual daraus, aber ein paarmal fuhr ich schon an dem Haus vorbei, zu unterschiedlichen Tageszeiten. Doch immer lag es verlassen da, niemand war zu sehen, nirgends brannte Licht, und es schien sich auch nichts getan zu haben.

Fast drei Monate wartete ich – inzwischen war es Dezember geworden –, dann kam tatsächlich der ersehnte Anruf: »Herr Heinicke, wir haben uns für Sie entschieden!«

Als wäre dieser Satz das Kommando gewesen, auf das sie die ganze Zeit sehnsüchtig gewartet hatten, versammelten sich alle meine verfügbaren Endorphine auf einmal im Gehirn, um einen Freudentanz aufzuführen. Jedenfalls kam es mir so vor. Die pure Euphorie! Es fehlte nicht viel, und ich wäre einmal quer durchs Wohnzimmer geschwebt.

Und dann fand ich, dass ich mir für meine Geduld wenigstens ein Gläschen Wein verdient hatte. Ich wusste auch schon ganz genau, wo ich das gute Tröpfchen schlürfen würde. Die Strecke zu dem Haus hätte ich inzwischen im Schlaf fahren können. Im Wohnzimmer stand dort ein uraltes Röhrenradio von Grundig, das sollte die passende Begleitmusik dazu liefern.

Doch erst einmal mussten die Formalitäten erledigt werden. Vertrag aufsetzen, die erste Anzahlung überweisen, das Übliche eben. Zuletzt die Schlüsselübergabe, damit ich mit der eigentlichen Arbeit anfangen konnte.

Die Möbel waren diesmal noch das Unspektakulärste. Dafür fesselte mich ihr Inhalt umso mehr. Irgendwie passte es zur Vorweihnachtszeit: Das Haus glich einem riesengroßen Adventskalender. Überall warteten Überraschungen auf mich:

Feines Silberbesteck.

Tischgeschirr aus Meissener Porzellan.

Eine Leica aus den dreißiger Jahren.

Fotoalben mit Bildern, die zum Teil noch aus der Zeit vor dem Ersten Weltkrieg stammten.

Ein ganzer Stapel edler Damenhandschuhe aus weißem Ziegenleder aus den zwanziger Jahren, passend dazu ein Sonnenschirm.

Ich konnte förmlich vor mir sehen, wie eine junge Frau damit den Boulevard Unter den Linden entlangflanierte, vielleicht auf dem Weg zum Nachmittagstee im Adlon. Natürlich war das reine Einbildung, aber es könnte so gewesen sein. Die Dame des Hauses hatte, bevor sie den Fabrikanten heiratete, mit ihrer Schwester und den Eltern in Berlin gelebt, in einer Seitenstraße des Ku'damm.

Selbst alte Ballkleider hingen noch in einem Schrank. Den Schnitten nach zu urteilen, stammten die prachtvollen Roben aus den Fünfzigern und Sechzigern. Bei näherem Hinsehen offenbarte sich jedoch, dass sie leider ziemlich verschlissen waren und daher wohl nur noch für die Resterampe taugten.

Wohin die Gemälde, die mich bei meinem ersten Besuch in dem Haus in Erstaunen versetzt hatten, keineswegs gehörten. Zuerst hatte ich angenommen, die Nachfahren der Abgebildeten würden die Porträts lieber selbst behalten wollen. Dem war aber nicht so. Vielleicht fehlte ihnen die sentimentale Ader, oder es hatte in der Familie irgendwann Knatsch gegeben und sie waren seitdem auf diesen Zweig der Sippe nicht gut zu sprechen. Wie auch immer, ich konnte es nicht ganz verstehen, aber fürs Verstehen hatten sie mich auch nicht engagiert. Im Übrigen war ich letztlich ja auch nicht unglücklich über ihr familiengeschichtliches Desinteresse.

Insgesamt zählte ich sechs großformatige Gemälde. Alles Originale, jedes signiert. Die Namen der Maler ließen einen nicht unbedingt vor Ehrfurcht erstarren, aber regional waren sie zu ihrer Zeit anscheinend recht bekannt gewesen.

Am besten gefiel mir das Bildnis eines Jünglings. Ob der Knabe zur Familie gehört hatte, konnten mir die Brüder nicht sagen. Auf jeden Fall war er beeindruckend in Szene gesetzt – in Humboldt-Pose: Er sitzt an einem Pult, hält eine Schreibfeder in der Hand und blickt voller Optimismus in die Welt. Aber auch ein anderes Porträt, das ein Kind zeigte und gegen

Ende des 18. Jahrhunderts entstanden war, fand ich äußerst gelungen. Und da war ich nicht der Einzige.

Ich gab die Gemälde später zur Versteigerung in ein Auktionshaus an der Ostsee, mit dem ich des Öfteren zusammenarbeite. Der Jüngling und das Kind standen dort nicht lange. Die Käufer boten kein Vermögen dafür, aber weit mehr, als ich erwartet hatte. Dagegen blieb ich auf den Bildern des Firmengründers und seines Sohns erst einmal sitzen. Dabei hatte ich gedacht, die zwei würden als erstes weggehen und auch richtig etwas einbringen. So kann man sich täuschen.

Losgeworden bin ich sie trotzdem noch, allerdings erst anderthalb Jahre später. So lange schmückten sie den kleinen Laden, den meine Frau und ich inzwischen in Potsdam betreiben. Unsere Schatztruhe. Eva hat sich auf alten Schmuck spezialisiert. Broschen, Ketten, Ringe – lauter schöne Dinge. Das könnte glatt ihr Werbeslogan sein. Außerdem findet man in unseren zwei Verkaufsräumen aber auch antike Möbel, Bücher, Porzellan, Gläser, Bronzen, Gemälde und allerlei Kleinodien und Kinkerlitzchen, die es mir besonders angetan und die sich daher im Laufe der Zeit bei uns angesammelt haben. Man kann sagen, es ist der Extrakt aus den Wohnungsauflösungen, wie früher bei den Goldschürfern. Die mussten auch erst alles Mögliche durchsieben, bevor ihnen die Nuggets aus der Goldpfanne entgegenglitzerten. Unsere Schätze sind eben nur etwas voluminöser.

Wir hatten uns schon richtig an die Gemälde gewöhnt und sie liebgewonnen, als sich eines Tages jemand meldete, der sie unbedingt haben wollte. Er rief im Auftrag einer Firma an, die Farben herstellte und denselben Namen trug wie die beiden in Öl verewigten Herrschaften. Mit einem kleinen Zusatz, aber der war nur ein Hinweis darauf, dass sie sich offenbar auf Druckfarben für Geld, Briefmarken, Reisepässe, Personalausweise und andere Dokumente, die fälschungssicher sein sollten, spezialisiert hatte.

Während der Räumung und auch noch danach hatte ich mich gefragt, was wohl aus dem traditionsreichen Unternehmen geworden sein mochte. Deshalb war ich jetzt natürlich neugierig, was es mit dieser Namensgleichheit auf sich hatte.

Die Firma schickte eine kleine Abordnung zu uns ins Geschäft. Die Herren waren hellauf begeistert, nicht nur wegen der Bilder. Nachdem ich erfahren hatte, dass ihr Unternehmen aus dem ehemaligen Familienbetrieb hervorgegangen war, präsentierte ich ihnen gleich noch einen Stapel alter Geschäftsunterlagen, Aktienpapiere und Werbeprospekte, die mir bei der Räumung in die Hände geraten waren.

Zu dieser Sammlung gehörten ein paar kleine Hefte, in denen sich der frühere Firmeninhaber – der Mann der verstorbenen Frau – Notizen über verschiedene Kunden gemacht hatte. Von einem meinte er, dass er »besonders geizig« sei, einen anderen schätzte er als »schwierigen Partner« ein, bei einem dritten wiederum hieß es: »zahlt unpünktlich«, oder es stand einfach nur das Wort »handelsstark« in der Spalte hinter dem betreffenden Namen.

Interessant fanden die Besucher auch eine Reihe von Fotos, die ich vor ihnen ausbreitete. Einige davon waren mehr als hundert Jahre alt und zeigten den damaligen Firmeninhaber, den Sohn des Gründers, wie er mit stolzgeschwellter Brust vor dem Fabrikgelände in Dresden steht – mal allein, mal rechts und links flankiert von anderen Männern, die nicht weniger stolz dreinblickten – wahrscheinlich seine wichtigsten Mitarbeiter. Andere Aufnahmen lieferten eine Gesamtansicht des Firmengeländes mit seinen Produktionshallen und mehreren hohen Fabrikschornsteinen, aus denen dunkler Rauch quoll, der nahezu waagerecht abzog und deshalb aussah wie eine zu lang geratene Flagge.

Das wohl schwärzeste Kapitel der Firmengeschichte dokumentierten Fotos, auf denen nur noch Ruinen zu sehen waren. Entstanden waren diese Bilder wenige Tage nach den Bombenangriffen im Februar 1945, bei denen große Teile der sächsischen Stadt an der Elbe in Schutt und Asche gelegt worden waren. Auch die Fabrik war dabei nicht verschont geblieben.

Dazu hatte ich im Nachlass der Familie Aufzeichnungen einer jungen Frau entdeckt, die beschrieb, wie sie in den Bombennächten beinahe umgekommen wäre und verletzt von einem Haus zum nächsten irrte, um einen rettenden Unterschlupf zu finden. Vier Seiten mit Schreibmaschine getippt, wenige Tage nach den Angriffen, das Datum stand unter dem Text. Auf der ersten Seite, am oberen Rand, hatte jemand handschriftlich »Untergang Dresden« vermerkt, und rechts daneben den Namen der Verfasserin. Ihre Schilderungen beginnen am Abend des 13. Februar 1945:

Ich befand mich gerade in der Küche, es war 21.45 Uhr, als Alarm ertönte.

Die Sowjets waren bereits in Ostpreussen eingebrochen und man musste mit Flucht rechnen. So buk ich Plätzchen auf die billigste Art, da diese leichter sind als schwere Brote.

Ich ging in den Keller, zog ausgerechnet diesmal das cyklamenfarbene, handgewebte Kleid und einen sehr schönen Wollrock nicht an, in der Meinung: Das wird nicht sehr lange dauern ...

Dann warteten wir im Keller. Kurz darauf kam ein fast diskretes Pfeifen, ein Splittern aller Fensterscheiben, hinter mir hörte ich Sand rieseln, dann verlor ich das Bewusstsein.

Nach zwanzig Minuten, der Angriff war vorbei, erwachte ich, wollte aufstehen, konnte aber nicht meine Beine bewegen, ich fühlte, dass ein schwerer Gegenstand auf mir lag. Ich schrie verschiedentlich um Hilfe, bis mir G... Sand vom Gesicht wegnahm und irgendetwas vom Leib hob. Wir hatten auf Anweisung alle gekauert. Aufgewacht bin ich langgestreckt auf dem Rücken liegend und die Tasche in der Hand haltend. Mir fiel auf, dass es sehr still war. Sogar die kleinen Kinder schrien nicht, und nach kurzer Zeit sagte eine Frau zu mir: »Wir müssen gehen, das Haus brennt!« ...

Wir gingen über den Königsheimplatz in den Keller eines Kolonialwarengeschäfts, gegenüber dem »Weißen Schloss«, das brannte. Dort legte ich mich sofort auf ein Sofa. Wiederholt kam ein Amtswalter und sagte, er stünde auf dem Dachboden, wir könnten bis jetzt unbesorgt sein. Würde es gefährlich, käme er, um es uns zu sagen. Dann kam er und meinte, das Dach brenne, es sei aber noch keine Gefahr.

*Schließlich erschien er ruhig und erklärte: »Hier ist Wasser,*
*tauchen Sie Ihre Handtücher hinein. Das Haus brennt, Sie müs-*
*sen durch das Feuer gehen, es ist bereits auf der Treppe!« Es*
*war dann auch eine helllodernde Flamme von ca. einem halben*
*Meter Breite, durch die wir hindurchliefen und auf die Blase-*
*witzerstraße kamen ...*

*Als der Amtswalter kam, sagte eine Frau zu mir: »Sie müssen*
*aufstehen und Ihren Rucksack nehmen. Außerdem will ich Sie*
*erst mal verbinden.«*

*Worauf ich meinte: »Mir fehlt doch gar nichts.«*

*»Doch«, sagte sie, »das Kopfkissen ist voll Blut.«*

*Ich hatte eine Kopfwunde davongetragen, als hinter mir die*
*Mauer zum Waschhaus eingebrochen war ...*

Wer diese Frau war, ob sie zur Familie gehörte, vielleicht als
Hausangestellte bei ihr arbeitete oder als Sekretärin in der Fabrik, habe ich nicht herausgefunden. Aber mich beeindruckte
und erstaunte die Nüchternheit ihres Berichts. Man könnte
meinen, wer Derartiges durchgemacht hat, müsste viel emo-
tionaler darüber schreiben. Aber vielleicht stimmt auch das
genaue Gegenteil und man ist gerade in solchen Situationen
gar nicht in der Lage, die Dinge auszuschmücken, sondern
beschränkt sich ganz automatisch aufs Wesentliche. So weit
könnte ich das nachvollziehen, wenngleich alles andere, was
den Leuten damals an Schrecklichem widerfuhr, meine Vor-
stellungskraft übersteigt. Die reicht, glaube ich, bei niemandem aus, der diese düstere Zeit nicht selbst miterlebt hat.

Deswegen fesselten mich diese Dokumente so. Natürlich

gibt es eine Menge Bücher über die Zeit, aber die Schilderungen dieser Frau schienen mir völlig unverfälscht und daher viel authentischer. Hier hatte jemand einfach nur notiert, was ihm widerfahren war, eins zu eins, ohne darauf bedacht zu sein, mit seinen Worten irgendeine Wirkung zu erzielen.

Seine Erinnerungen an jene Bombennacht hatte sich auch der Ehemann der Verstorbenen von der Seele geschrieben; die fand ich ebenfalls in dem Haus. Sie lasen sich stellenweise wie ein Abenteuerroman. Dass sie um einiges blumiger ausfielen als die der jungen Frau, mag den schriftstellerischen Ambitionen des Verfassers zuzuschreiben sein. Ein Grund war aber sicher auch, dass er erst im hohen Alter zur Feder gegriffen hatte, mit vielen Jahren Abstand zu den Ereignissen. Leider war nirgends ein Datum vermerkt, nicht einmal eine Jahreszahl ließ sich finden. Am Ende des Textes tauchte lediglich der Hinweis auf, dass er die Zeilen in der Charité zu Papier brachte, wo er sich zu dieser Zeit wohl als Patient aufhielt.

Obgleich die Aufzeichnungen insgesamt nur achtzehn – wenn auch eng beschriebene – Seiten umfassten, hatte jemand diese wie ein Buch zwischen zwei Pappdeckel binden lassen, die mit weinrotem, marmoriertem Papier überzogen waren. Auf der Vorderseite stand in goldenen Buchstaben:

*13 MONATE*

*VERSCHOLLEN*

Ein Stück darunter pappte ein kleiner weißer Aufkleber mit dem Vermerk: »Original«, von Hand mit blauer Tinte geschrieben. Schlug man die erste Seite auf, konnte man eine

Widmung lesen: »Meinen lieben Eltern, die mir die christliche Erziehung zuteil werden ließen, die es mir ermöglichte, all das Schwere zu überstehen, und meiner tapferen Frau, die so fest an die Rückkehr ihres Mannes glaubte.«

Bevor man erfuhr, was es mit dem Titel auf sich hatte, bekam man einen kurzen Abriss über die Familien- und Firmengeschichte, beide schienen eng miteinander verwoben. Vom Aufbau der Fabrik durch den Großvater war dort zu lesen, von den Folgen des Ersten Weltkriegs, mit denen sich der Vater als Firmenchef herumzuschlagen hatte, von der Weltwirtschaftskrise, aber auch von der ersten Begegnung des Sohns des Verfassers mit seiner Frau in Berlin, als beide fast noch Kinder gewesen waren. Und von der Nazizeit und den Bomben auf Dresden:

*Wir nahmen Flüchtlinge in Dresden auf, und das Haus war voll von Menschen, als in der Nacht vom 13. zum 14. Februar gegen zehn Uhr abends die Sirenen ertönten. Ich lag mit Fieber und einer starken Erkältung im Bett, und wir versammelten uns wie üblich im Keller. Als nach kurzer Zeit der Himmel durch die gefürchteten Leuchtschirme erhellt wurde, wussten wir, dass Dresdens Schicksal besiegelt war. Ein Rauschen erfüllte die Luft und tausende und abertausende Brand- und Sprengbomben regneten hernieder. Die Türen sprangen auf, die Erde wogte wie auf sturmbewegter See, das Licht ging aus und eine dreiviertel Stunde erzitterten Haus und Erde. Wie ein Wunder blieb unser Haus, aber wie sah es in der Umgegend aus, als der Feind abgeflogen war …*

*Trotz meiner Schwäche – ich war nass bis auf das Hemd –*
*ging ich zur Pfotenhauerstraße und fand ein furchtbares Bild*
*vor. Rechts und links von oben bis unten brennende Häuser.*
*Dicke Rauchschwaden zogen die Straße entlang. Ein starker*
*Westwind brachte an diesem Tage gerade den Flammen die rich-*
*tige Nahrung. Als ich im Werk im Luftschutzkeller nachsah – es*
*hatten sich dort viele Leute hingeflüchtet –, kam die Nachricht:*
*»Es geht wieder los!« 45 Minuten regnete es erneut Bomben. Wir*
*lagen, um dem Luftdruck der Minen auszuweichen, alle auf der*
*Erde …*

*Als wir wieder aus dem Keller herauskamen, brannte alles*
*ringsherum … die Funken flogen wie Schnee, und das Hauptge-*
*bäude brannte im obersten Stock wie eine Fackel …*

*Die Toten waren im Großen Garten durch den zweiten An-*
*griff mit Minen und in der inneren Stadt so zahlreich, dass man*
*auf dem Altmarkt dazu übergehen musste, die Leichen zu ver-*
*brennen, um Seuchen zu vermeiden …*

Nur kurz erwähnt wurde, dass der Fabrikant in der Wehrmacht diente, offenbar im Rang eines Hauptmanns. Der
Dienstgrad war dort nicht angegeben, aber in den alten Unterlagen, die ich entsorgen sollte, war ich auf Feldpostbriefe
gestoßen, die er 1943 an seine Frau geschickt hatte. Beim Ab-
sender stand sein Name und der Zusatz: »Hptm.« – entweder davor oder dahinter, das variierte. Die Briefe begannen
alle mit »Mein liebes Frauchen!« oder nur »Liebes Frauchen!«, und der Abschiedsgruß lautete jedes Mal: »Dein bra-
ves Männel«.

Die Handschrift des Mannes beeindruckte mich. Er hatte mit schwarzer Tinte geschrieben, in wohlgeformten und sehr gleichmäßigen Buchstaben, die sich nach rechts neigten. Trotzdem war es schwierig, die Zeilen zu entziffern, da er sie in altdeutscher Schrift verfasst hatte. Abgeschickt wurden die Briefe in den Niederlanden, sie trugen Poststempel aus Amsterdam und Amersfoort.

Sein Offiziersdienstgrad war für die Ereignisse, die später folgen sollten, vermutlich nicht unerheblich. Wenige Tage vor Kriegsende – er versah seinen Dienst längst wieder in Dresden – wurde er zu einer Erkundungsfahrt ins Umland losgeschickt, verunglückte dabei mit seinem Motorrad, erlitt eine üble Schädelfraktur und kam ins Lazarett. Während er dort zusammengeflickt und halbwegs gesund gepflegt wurde, marschierten die Russen in Dresden ein, und der Krieg war zu Ende.

Bereits einige Zeit vorher hatte sich der Rest seiner Familie, um von den Kämpfen in der Stadt verschont zu bleiben, in ihr Wochenendhaus zurückgezogen. Es befand sich in einer idyllischen Waldsiedlung knapp vierzig Kilometer von Dresden entfernt, im Osterzgebirge. In dem beschaulichen Ort waren die Grundstückspreise vor dem Krieg so hoch gewesen, dass sich dort nur Wohlhabende einen Zweitwohnsitz leisten konnten. Zur Nachbarschaft zählten hauptsächlich Fabrikbesitzer, einige Ärzte und ein recht bekannter österreichischer Dirigent, der den Nazis nahestand und enge Kontakte bis in die höchsten Kreise pflegte. Auch die Schwester und die Nichte von Adolf Hitler und selbst ein irakischer Ölscheich, der unter dessen Schutz stand, sollen eine Zeitlang in der Siedlung untergekommen sein, die durch ihre abgeschiedene Lage bis zum letzten Kriegstag ein sicherer Platz war.

Nachdem der Fabrikant gesundheitlich wieder einigermaßen auf dem Damm war, wollte er sich um den Wiederaufbau seiner Firma kümmern und retten, was noch zu retten war. Aus diesem Grund sprach er eines Tages in der russischen Kommandantur vor, die das Regiment in der Stadt übernommen hatte. Dort schien man bereits auf ihn gewartet zu haben. Offenbar hatte ihn jemand angeschwärzt oder auch nur verraten, dass er als Bessergestellter Offizier der Wehrmacht war. Oder es genügte, dass sie wussten, einen Fabrikbesitzer vor sich zu haben, einen bösen Kapitalisten.

Sofort setzten ihn die Sowjets fest. Später fuhren sie mit ihm erst zur Fabrik, um in seinem Büro nach Waffen zu suchen, die er angeblich dort deponiert haben sollte, was nicht stimmte. Und dann zu dem Haus in der Waldsiedlung, wo seine Frau mit den Kindern gerade zu Mittag aß:

*Was hier geschah, wird uns ewig in Erinnerung bleiben. Haussuchung mit entsprechenden Folgen. Wir waren in einem kleinen Zimmer eingesperrt und konnten sehen, wie Decken, Kleider, Porzellan, Radio und anderes in die Autos geschafft wurden. Da man die gewünschten Waffen nicht fand, nahm man, nachdem die Nachbarschaft durch Schüsse verjagt worden war, G... und mich mit ...*

G… war sein Sohn. Er muss damals bereits erwachsen gewesen sein, denn auch von ihm existieren Feldpostbriefe. Während der Junior am folgenden Abend freigelassen wurde und nach Hause zurückkehren durfte, begann für den Vater eine dreizehnmonatige Odyssee in russischer Gefangenschaft.

Anfangs noch auf deutschem Boden interniert, wurde er nach einiger Zeit mit anderen Häftlingen in einem klapprigen Transportzug zusammengepfercht und nach Russland verfrachtet. Irgendwohin weit östlich von Moskau. Ich glaube, er wusste damals lange selbst nicht, wo er sich überhaupt befand. Die Reise dauerte Wochen, sie muss ein Albtraum gewesen sein:

*Alle gaben sich große Mühe, mich von meinen Gedanken abzulenken, denn es war mein 50. Geburtstag, den hatte ich mir anders vorgestellt. Eine Woche später wurde es bitterkalt. Draußen lag Schnee und es begann der russische Winter. In einem unbrauchbaren Ofen im Waggon, den wir in Brest erhielten, hätten wir gern Feuer gemacht, doch woher Holz nehmen? Als es nicht mehr zu ertragen war, wurde jeden Tag eine Bohle der Pritschen verfeuert, was aber bei minus zwanzig Grad kaum einen Erfolg hatte. Frierend, klappernd saßen wir eng aneinander, hoffend, dass die Reise bald ein Ende hätte …*

*Wie geblendete Hühner stiegen wir aus, denn die 31 Tage waren reine Dunkelhaft gewesen. In einer langen, traurigen Kolonne ging es schwankend eine Straße entlang, an deren Ende Häuser standen – das Lager! Viele der Kameraden konnten nicht mehr laufen und wurden von anderen geschleppt. Einen solchen*

*Kranken, der an Durchfall litt und nicht weiter konnte, schleppte*
*ich mit bis vors Tor, dann ging es auch nicht mehr …*

Er beschrieb die Qualen im Lager, die tägliche Schinderei, die Krankheiten, die er durchmachte, und wie er manchmal fürchtete, er würde die Torturen nicht überstehen. Bis dann doch der Tag kam, an dem ihn eine russische Ärztin auf die »Heimatliste« setzte und er mit Hunderten anderen Gefangenen die Rückreise antreten durfte, auf die gleiche Weise, wie sie dorthin gebracht worden waren – in zugigen Viehwaggons.

Es kommt selten vor, dass man bei einer Haushaltsauflösung eine komplette Familiengeschichte offenbart bekommt. Solch umfangreiches Material wie hier hatte ich vorher noch in keiner Wohnung vorgefunden und seitdem nicht wieder. Ich würde auch gar nicht so offen damit umgehen, hätten die Brüder mir nicht versichert, sie fänden es absolut in Ordnung, wenn ich diese Dinge der Nachwelt erhalte.

Die Aufzeichnungen des Fabrikanten dürfte ich mittlerweile mindestens drei- oder viermal gelesen haben. Manchmal habe ich mir nur bestimmte Passagen vorgenommen, und die sehr gründlich, weil ich einen Hinweis auf etwas Bestimmtes suchte oder eine Erklärung. Zum Beispiel, was es mit der Pfeife auf sich haben könnte, die ich in einem Karton im Keller gefunden hatte. Sie sah aus wie handgeschnitzt. Das passte nicht zu jemandem, der finanziell gut gestellt war, zumindest die meiste Zeit. In demselben Karton lagen auch ein Messer und ein Holzlöffel, der ebenfalls handgemacht zu sein schien. Tatsächlich fand ich einen Anhaltspunkt dafür, dass der Mann offenbar beides während seiner Gefangenschaft selbst geschnitzt und später mit nach Hause gebracht hatte.

Haben will so etwas heutzutage niemand mehr. Ich meine, damit lässt sich kein Geschäft machen. Aber ich fände es auch falsch, diese Dinge einfach in den Müll zu werfen. Für mich sind solche Fundstücke lebendige Geschichte. Man kann an dem Holz förmlich noch den Schweiß von damals riechen. Das ist wie bei alten Möbeln, die haben auch einen ganz speziellen Geruch.

Aber zurück zu der Familie und ihrer Fabrik: Der Mann landete wieder in der Heimat, ausgemergelt, halb verhungert und in Lumpen gekleidet, so dass man ihn kaum erkannte. Die Familienvilla in Dresden war im Krieg zerstört worden, deshalb waren seine Frau und die Kinder in der Waldsiedlung geblieben.

*Die Nachrichten, die ich daheim vorfand, waren unerfreulich. Meine Familie hatte schlimme Hungerzeiten durchmachen müssen und in dem Winter, als ich in Rußland im Lazarett lag, oft nicht das nötigste Brot auf dem Tisch gehabt. Die Freude des Wiedersehens ließ alles vergessen. War ich doch durch Gottes Fügung zurückgekehrt, um den Kampf um das Bestehen meiner Familie nun wieder in die Hand zu nehmen.*

*Mir blieb aber der schwerste Schlag nicht erspart. Als ich nach Dresden fuhr und meinen neunundneunzigjährigen Betrieb betreten wollte, um wenigstens meinen Arbeitern die Hand zu drücken, wurde mir dies von Betriebsleiter …, früher meine rechte*

*technische Hand, verwehrt. Machtlos ballte sich die Faust in der*
*Tasche, als mir dies in der Pförtnerloge eröffnet wurde. Verräter*
*hatten mich als Aktivisten, Kriegsverbrecher, Militarist und an-*
*deres bezeichnet und dafür gesorgt, dass als letzter Betrieb auch*
*meine Firma auf die Liste zum Volksentscheid gesetzt und da-*
*durch ohne Entschädigung enteignet wurde …*

Wie nah er den Nationalsozialisten und ihrer Gesinnung tatsächlich gestanden und ob er der NSDAP angehört hatte, dazu
kann ich nichts sagen. Es ist nicht unwahrscheinlich, dass er
als Offizier der Wehrmacht in der Partei war. Und auch die
Tatsache, dass man ihm offenbar erlaubt hatte, sich bis zuletzt
um seine Fabrik zu kümmern, sprach eher dafür, dass er sich
mit den braunen Machthabern arrangiert hatte. Belege dafür
ließen sich im Nachlass jedoch keine finden.

Zumindest seine Schwägerin – die Schwester seiner Frau,
also der Verstorbenen – schienen keine Berührungsängste ge-
plagt zu haben, was den Kontakt zu einflussreichen Nazis betraf. Womit ich ihr nicht unterstellen will, ideologische Nähe
hätte sie dazu getrieben. Das kann ich nicht beurteilen. Mein
Wissen darüber beschränkt sich auf einige Briefe, die sie
aus Berlin an das Ehepaar in Dresden geschrieben hatte und
die mit zum Nachlass gehörten. Besonders einer davon war
in dieser Hinsicht aufschlussreich. Verfasst hatte sie ihn – mit
Bleistift auf kariertem Papier, das inzwischen stark vergilbt
war – kurz vor Kriegsende, am 23. März 1945:

*Liebe …,*

*lieber …!*

*Heute möchte ich Euch mal den fälligen längeren Brief schrei-*
*ben, um Euch vor allem zu sagen, wie unendlich leid es mir tut,*
*dass Eure Stammfabrik in Dresden so zerstört wurde. Dir lie-*
*ber … wird es ganz besonders nahe gegangen sein, da Du nun*
*von klein auf darin gewirkt hast. Andererseits glaube ich aber,*
*dass das Walten über allen Dingen Euch besonders behütet hatte,*
*denn wie ich aus einem mir zugeleiteten Bericht erfuhr, sollen die*
*beiden Wohnhäuser in der … straße ja die einzigen in der Um-*
*gebung sein, die einigermaßen stehen. Der Herr vom Rüstungs-*
*stab, der für mich die Erkundigungen einholte, erhielt übrigens*
*beim Vorsprechen in der Fabrik die Antwort, dass ein Frl. …*
*nicht bekannt sei! Ist denn Euer guter alter Hausmann nicht*
*mehr drüben?*

*Ich denke oft so voll Sorgen an Euch, wenngleich ich die Rus-*
*sengefahr nicht mehr für akut halte, und wenn sie überhaupt*
*noch einmal vorankommen, so höchstens aus Prestigegründen zu*
*uns nach Berlin. Solltet Ihr aber doch aus irgendwelchen Grün-*
*den gezwungen sein zu räumen, so habe ich dieserhalb erstens*
*einmal an R… geschrieben, dass er sich in der Heide nach etwas*
*umsieht. Er hatte da eine Stelle, wo er immer hinging und einen*
*Teil seiner Sachen in Sicherheit gebracht hat. Ausserdem wäre es*
*aber im Notfall immer möglich, dass Ihr nach Eisenach geht, wo*
*von mir eine Kiste (Mutters Aussteuerkisten) mit Betten, Por-*
*zellan, Decken, …; ein Koffer mit Wäsche (Haus- und Bett-*
*wäsche und Tischwäsche), Kleidern, eine Kiste mit den guten*
*Weinen, Mutters Reisenessesaire mit sechs mal Silber komplett*

und anderen Kleinigkeiten, ein Rohrplattenkoffer, gleichfalls mit Porzellan, Pelzen und Betten, stehen. Sie wissen dort Bescheid, dass Ihr im Ernstfall oder auch nach meinem Tode darüber verfügen bzw. es in Gebrauch nehmen könnt. Sie würden Euch auch mir zuliebe jederzeit behilflich sein, irgendwie und irgendwo unterzukommen. Die Adresse ist: ..., Eisenach, ... straße 7. Die Sachen sind wohl z. T. im bombensicheren Keller der Firma ..., worüber die Sekretärinnen von ... Bescheid wissen, sonst aber A..., seine Frau, und er selber, sofern er nicht in München ist. Er hat übrigens ausgerechnet jetzt noch das Ritterkreuz bekommen, nachdem es bisher immer wegen seiner Logenzugehörigkeit vom Gauleiter München abgelehnt worden war. Aus Berlin ist er jedenfalls mit seinem Büro fort.

Ich sitze augenblicklich im schönsten Frühlingssonnenschein und denke darüber nach, wie sinnlos die Menschen handeln, man sollte vielmehr von der Natur lernen, aber vielleicht ist dieser grosse Reinigungsprozess der Menschen auch ein ganz natürlicher Vorgang.

Was nun den Hunger anbelangt, so wünschte ich, ich könnte Euch helfen, zumal ich am Vorabend meines Geburtstages ausgerechnet ein fabelhaftes Führerpaket mit Kaffee, Tee und Konserven erhielt, was mir selbst natürlich sehr weiterhilft, mich vor allem arbeitsfähiger macht, nachdem ich von der Kälte hier (seit Januar ist das Institut ungeheizt!!!) halb verrückt geworden bin und mir eine schwere Erkältung eingebracht hat, die aber jetzt wohl in der Sonne schmilzt. Gegen Hunger gibt es zwei Mittel, entweder essen oder, was noch wichtiger ist, Wärme und Ruhe. Deswegen ..., bei Deinen Kindern achte besonders darauf, dass *sie sehr viel schlafen (mindestens von 7 Uhr abends bis 7 Uhr morgens und nach Tisch wenigstens zwei Stunden) und immer sehr warm angezogen sind. Glaube mir im Ernst, nur so kannst Du im Gefolge des jetzt kommenden Hungers ernste Krankheiten, besonders Tuberkulose, von ihnen fernhalten. Ich selbst werde mich in meinen Forschungsarbeiten jetzt auch mehr als bisher den Seuchenbekämpfungsfragen zuwenden. Ausserdem bebaut jedes kleinste Stückchen Land, mit allem, was irgend darauf wachsen könnte. D… wird gut ihre Zeit dafür anwenden können.*

*Ihr werdet denken, die Klöpse hat gut reden, aber glaubt mir, ich sehe und höre manches und meine Gedanken sind mehr bei Euch als Ihr glaubt …*

*Nun wollte ich Euch noch bitten, mir doch umgehend die Adresse von G… zu senden, die ich nicht habe, denn es könnte eines Tages der Fall eintreten, dass wir uns nur über sie verständigen können oder auch Prof. …, Fordham University New York. Man kann ja heute nie wissen, wie dann alles kommt, und am Ende sitze ich eines Tages im schönen Sibirien, was ich allerdings nicht hoffe.*

*Euren Jungen hätte ich vielleicht jetzt reklamieren können, aber Berlin ist z. Zt. auch kein besserer Aufenthalt, und ich würde mir ewige Vorwürfe machen, wenn ihm gerade hier dann etwas passierte. Der liebe Gott möge ihn so behüten wie er Euch bisher und hoffentlich auch weiterhin beschützen wird.*

*Ich grüsse Euch alle in treuer Liebe als Eure Schwester …*

Dazu sollte ich erklären, dass die »treue Schwester« als Wissenschaftlerin an einem renommierten Forschungsinstitut arbeitete. Drei Monate nach dem Brief legte sie ihre Habilitation ab, was für eine Frau zu der Zeit außergewöhnlich war, umso mehr in einem naturwissenschaftlichen Zweig wie Chemie. Im selben Fach hatte sie Jahre zuvor bereits promoviert. Zu ihren Förderern am Institut gehörte ein Professor, der lange vor Hitlers Machtergreifung der NSDAP beigetreten war, als strammer Nazi galt und maßgeblich die Giftgas-Forschung vorantrieb.

Was ihm allerdings nicht dabei hinderlich sein sollte, nach dem Krieg auch auf der anderen Seite Karriere zu machen. Erst bastelte er in der Sowjetunion am Atomprogramm der Russen mit. Dann kehrte er nach Berlin zurück, wie man sich denken kann, in den Ostteil. Die DDR war da schon gegründet, und in derselben stieg er weiter auf, als hätte es sein Vorleben nicht gegeben. Irgendwann beriet er sogar die Regierung in wissenschaftlichen Fragen. Das hatte er auch schon bei den Nazis gemacht. Da soll mal jemand sagen, Geschichte wiederholt sich nicht.

Überhaupt muss sich der Professor um die Wissenschaft und den Sozialismus sehr verdient gemacht haben. Sie hefteten ihm so ziemlich jeden Orden an die Brust, den man in der DDR kriegen konnte: Banner der Arbeit, Großer Stern der Völkerfreundschaft, Vaterländischer Verdienstorden, Karl-Marx-Orden – einen Weihnachtsbaum hätte man kaum effektvoller dekorieren können.

Interessant war noch eine andere Figur aus dem Umfeld der

Forscherin. Sie wurde in dem Brief erwähnt und das machte deutlich, in welchen Kreisen die Dame verkehrte. Ich meine den Herrn in Eisenach, bei dem sie einen Teil ihrer Habseligkeiten deponiert hatte – für den Notfall. Dieser war damals ein hohes Tier bei einem großen Konzern und hatte vorher einige Zeit unter dem später als Kriegsverbrecher verurteilten Albert Speer in dessen Rüstungsministerium gearbeitet.

Spärlich dagegen waren im Nachlass die Informationen darüber, wie es für die Fabrikantenfamilie weiterging. Auf jeden Fall zog sie, nachdem ihr alles genommen worden war, spätestens Anfang der fünfziger Jahre, nach Westberlin. Zu dieser Zeit steckte der Firmenchef offenbar wieder voller Tatendrang. Mit fast sechzig fing er noch einmal ganz von vorn an und baute eine neue Farben-Fabrik auf. Respekt!, dachte ich, als ich davon las. Was für ein Lebenswille – das imponierte mir.

Wie lange die Firma danach in der Hand der Familie blieb, weiß ich nicht. Irgendwann wurde sie jedenfalls verkauft, behielt aber den ursprünglichen Namen. Ich nehme an, weil er in der Branche nicht nur traditionsreich war, sondern auch einen guten Ruf genoss. Als ich mit den Leuten aus der heutigen Firma wegen der Gemälde Kontakt hatte, war dort von der Gründer-Familie niemand mehr beschäftigt. Trotzdem wollte man sich offenbar den historischen Anstrich erhalten. Es spricht für die Qualität eines Unternehmens, wenn es so lange im Geschäft ist.

Der Verkauf der Bilder wurde über das bereits erwähnte

Auktionshaus abgewickelt, nur die Lieferung übernahm ich selbst. Es interessierte mich einfach, wo die guten Stücke nun ihren Platz finden würden. In der Firma, so viel wusste ich, als ich mich auf den Weg dorthin machte, die beiden Gemälde sicher im Laderaum meines Transporters verstaut. Allerdings hatte ich keine Ahnung, wie man sich eine Fabrik vorzustellen hat, in der Farben für Geldscheine produziert werden. Ich kannte nur die alten Aufnahmen aus Dresden. Bestimmt wird es einen Hof geben, dachte ich, da fahre ich einfach drauf und lade meine goldgerahmten Schmuckstücke aus.

Einen Hof gab es tatsächlich, aber einfach darauffahren, das konnte man nicht. Das Firmengelände war gesichert wie Fort Knox. In einem Banksafe wären die Gemälde nicht besser geschützt gewesen. Nur schade, dass sie jetzt kaum noch jemand zu Gesicht bekommt.

# Die Nazi-Uniform

Bei manchen Aufträgen wünschte ich mir, die Zeit ließe sich zurückdrehen, ein paar Tage nur, um mit demjenigen, dessen Verlassenschaften ich gerade wegräume, noch einen Moment plaudern zu können. Auf eine letzte Tasse Kaffee sozusagen ... das wär's. Dabei male ich mir aus, wie ich ihm – oder ihr – Fragen stelle, die mir beim Umgang mit ihrem Hab und Gut in den Sinn kommen. Ein bestimmtes Bild von der Person habe ich dabei selten vor Augen, meistens weiß ich ja gar nicht, wie sie zu Lebzeiten aussah. Dafür versuche ich mir vorzustellen, wie sie wohl auf meine Fragen reagieren würde. Ob es ihr schwerfiele oder vielleicht sogar Erleichterung verschaffen würde, einem Fremden etwas über sich und ihr Leben preiszugeben. Wirklich schade, dass das nicht machbar ist.

Würde ich eine Hitliste der Leute aufstellen, deren Haushalte ich aufgelöst habe und von denen ich gern das eine oder andere erfahren hätte, wären sie noch am Leben gewesen, dann stünde ein Mann ziemlich weit oben. Er entstammte einem alten deutschen Adelsgeschlecht und war mit sechsundneunzig Jahren an Altersschwäche gestorben. Angesichts dessen, was er in seinem Leben hatte durchmachen müssen, ein geradezu biblisches Alter.

Der Mann war früher Arzt gewesen und hatte außerhalb des Stadtzentrums gewohnt, in einer der vornehmeren Ecken Berlins. Die hochherrschaftliche Villa, die ihm gehört hatte und die nun sein Sohn erbte, war in den zwanziger Jahren gebaut worden. Wenn man die Fläche des Wohnbereichs mit der des Kellergeschosses addierte und noch die des Dachbodens hinzunahm, kam man insgesamt auf über vierhundert Quadratmeter. In dem Haus hatte er zunächst mit seiner Frau und den Kindern gelebt. Als die Kinder erwachsen waren, nur noch mit seiner Frau und die letzten Jahre, nach ihrem Tod, dann ganz allein.

Schon von außen war der Bau, der sich inmitten eines parkähnlichen Grundstücks mit alten Bäumen und Sträuchern wie eine Trutzburg erhob, die reine Augenweide. Und drinnen wurde es nur noch schöner. Die Eingangshalle hätte es ohne weiteres mit einem mittelgroßen Tanzsaal aufnehmen können. Auf der einen Seite schwang sich ein breiter, repräsentativer Treppenaufgang in ausladendem Bogen nach oben, auf der gegenüberliegenden Seite befand sich ein offener Kamin, der ungefähr ein Drittel der gesamten Wand einnahm.

Ich war schwer beeindruckt. Dies hatte eine gewisse Vorfreude zur Folge, die ich üblicherweise zu unterdrücken versuche, um nicht enttäuscht zu werden. Doch schon im nächsten Raum, den man in normalen Häusern das Wohnzimmer genannt hätte, was hierfür aber ein viel zu popeliger Begriff gewesen wäre, erhielt diese ungewollte Gefühlsregung einen Dämpfer – und was für einen!

Da die Sache fünf oder sechs Jahre zurückliegt und die Zeit wie so oft einen Schleier der Milde über meine Erinnerungen ausbreitet, will ich es positiv formulieren: Das Zimmer bestach mit einer Weitläufigkeit, die man als Normalsterblicher nicht alle Tage zu sehen bekommt. Draußen schien gerade die Frühlingssonne, am blauen Himmel war keine Wolke zu sehen. Durch die bodentiefen Fenster fiel so helles Licht herein, dass man das Gefühl hatte, davon regelrecht überflutet zu werden. Das Parkett glänzte wie eine polierte Eisfläche. Nichts stand einem freien Blick hinaus in den Garten im Weg. Aber genau das war es, was mir schlagartig aufs Gemüt drückte: In diesem Zimmer war einem nirgendwo etwas im Weg – weil eben nichts drinstand.

Außer einem riesigen Regal, das zwischen Fußboden und Decke und den Wänden rechts und links davon eingepasst worden war, ohne dabei an den Rändern nur einen Zentimeter Luft zu lassen.

Eigentlich hätte ich jubeln sollen, als der Sohn des Verstorbenen, der mich durch die Villa lotste, erzählte, noch eine Woche zuvor seien die Fächer vor lauter Büchern fast übergequollen. Man muss sich nur die Schlepperei vorstellen. Nicht auszudenken, wie lange ich dafür gebraucht hätte. Über siebenhundert Kisten, sagte der Sohn, hätten Mitarbeiter des Militärgeschichtlichen Forschungsamts rausgetragen. Mein armer Transporter wäre schon bei einem Bruchteil des Gewichts in die Grätsche gegangen.

Trotzdem war diese Arbeitsersparnis eine schlechte Nachricht. Auch wenn siebenhundert Kisten die Hölle auf Erden bedeutet hätten und auch logistisch ein Albtraum gewesen wären: In diesem Fall wäre ich freiwillig durch die Hölle marschiert und hätte auch alles andere in Kauf genommen. Wenn sich das Militärgeschichtliche Forschungsamt für die Bücher des toten Arztes interessierte, wird es sich kaum um irgendwelche drittklassigen Schinken gehandelt haben. Nicht nur, dass die Leute dort fürs Verteidigungsministerium forschen. Es ist immerhin auch das größte historische Institut in Deutschland, mit einer Fachbibliothek, die rund eine Viertelmillion Bände umfasst – und gerade noch um ein paar hundert aus dem Bücherregal erweitert worden war, das jetzt dastand wie ein trauriges Holzgerippe.

Den wenigen Sätzen zufolge, die mein Auftraggeber über seinen Vater verlor, hatte dieser während des Zweiten Weltkriegs als Militärarzt bei der Wehrmacht gedient. Vielleicht war seine Büchersammlung deswegen für die Militärforscher so interessant. Diese Zeit muss den Mediziner lange und intensiv beschäftigt haben. Jedenfalls drängte sich mir dieser Gedanke auf, als ich mich in den weniger repräsentativen Bereichen der Villa umsah – ein paar Tage später und ohne dass der Sohn dabei war.

Nach der ersten Ernüchterung hatte ich einen Moment gezögert, den Auftrag zu übernehmen, mich dann aber doch dafür entschieden. Einfach, weil ich die Hoffnung hatte, trotzdem noch etwas aufzustöbern, das meinen Entdeckertrieb befriedigen würde. Dass diese Hoffnung nicht völlig unbegründet schien, hatte mit jenen etwas unscheinbareren Zimmern zu tun, die nicht zum Vorzeigebereich gehörten. Einige davon befanden sich im Keller, zwei andere auf dem Dachboden. Während der ersten Besichtigung hatte ich lediglich einen flüchtigen Blick hineingeworfen, aber dabei war mir aufgefallen, dass sie aussahen, als hätte schon sehr lange niemand mehr etwas darin angerührt.

Ich nahm mir zuerst den Dachboden vor, so mache ich das bei Häusern meistens. Auf diese Weise läuft man nicht Gefahr, durcheinanderzugeraten. Die Wände der beiden Giebelseiten waren bis unter die Dachschrägen mit Einbauschränken zugezimmert, jeder Kubikzentimeter war als Stauraum genutzt worden.

Alles sollte raus. Der Sohn des Arztes wollte die Villa von Grund auf sanieren lassen, um danach mit seiner Familie einzuziehen, spätestens zum Ende der Sommerferien. Die Kinder – er hatte von zwei Söhnen gesprochen – könnten es kaum erwarten, endlich durch den riesigen Garten zu toben.

In einem der Wandschränke türmten sich Zeitungen und Zeitschriften, davon komplette Jahrgänge, und Bücher. Bis auf die Bücher war alles, sorgfältig über Kreuz gebunden, zu ordentlichen Paketen verschnürt. Solche Mühe macht sich heute kein Mensch mehr. Die Packen lagen in den einzelnen Fächern so übereinander gestapelt – hochkant und quer, wie es gerade passte –, dass lediglich oben ein Fingerbreit Platz blieb. Man konnte fast glauben, all das Papier war überhaupt nur aufbewahrt worden, damit es hinter dem Mauerwerk als zusätzliche Dämmschicht diente.

Offenbar hatte der Arzt alles gesammelt, was ihm an bedrucktem Papier ins Haus geflattert war, nicht einmal von kleinen Anzeigenblättchen hatte er sich trennen können.

Allein hätte ich mir einen Buckel geschleppt. Aber auch mit der Unterstützung meines Mitstreiters Willi blieb es eine Herausforderung der extremeren Art. Ich hätte mir nicht vorstellen können, um was für Massen es sich tatsächlich handelte, hätte ich nicht selbst Packen für Packen in den Händen gehalten und die Treppen hinunterbefördert. Mit jedem Gang fühlten sich die Arme ein Stückchen länger an. Irgendwann hatten wir die Ladefläche meines Transporters vollgestopft bis unters Dach, doch oben auf dem Dachboden sah es immer noch aus, als hätten wir gerade erst angefangen. Schließlich wurden es drei Ladungen – nur Papier.

Und das war noch nicht das Ende. Im zweiten Einbauschrank waren ebenfalls hauptsächlich Druckerzeugnisse gehortet worden. Doch im Unterschied zu den anderen stammten sie aus den dunkelsten Jahren der deutschen Geschichte. Bei den meisten handelte es sich um Propagandablätter, üble Hetzschriften, was die Frage aufwarf, warum der Herr des Hauses sie über so lange Zeit aufbewahrt hatte.

Ich will nicht den Moralapostel herauskehren. Prinzipiell ist ja nichts dagegen einzuwenden, solche Sachen der Nachwelt zu erhalten. Aber sind Archive und Bibliotheken dafür nicht der geeignetere Ort?

Was hatten diese Bücher dem Arzt bedeutet? Oder hatte er

vielleicht bloß vergessen, sie zu entsorgen? Über diese Fragen hätte ich mich gern mit ihm unterhalten. Einfach, um die Zusammenhänge besser zu verstehen und … weil mich im Keller noch mehr Stapelware zu diesem Thema erwartete. Dort war ein Schrank fast zur Hälfte mit Büchern gefüllt, jedes einzelne davon in beigefarbenes Seidenpapier eingeschlagen.

Was mich stutzig machte, kaum dass ich den Schrank geöffnet hatte, war: Die Bücher hatten alle exakt die gleiche Größe und waren auch gleich dick beziehungsweise gleich dünn, kaum mehr als einen Zentimeter. Ich packte eins aus, danach ein zweites, dann war klar, dass ich mir diese Arbeit bei den restlichen Exemplaren schenken konnte. Es handelte sich immer um denselben Titel: *Vom Wesen und Aufbau des Völkischen Staates*. Verfasst hatte ihn Leopold Freiherr von Vietinghoff gen. Scheel – so stand es auf dem beigefarbenen Einband. Mir sagte der Name nichts. Da das Schlusswort mit dem Vermerk »Erster Maientag 1933« endete, dürfte das Büchlein noch im selben Jahr erschienen sein, wenige Monate nachdem Adolf Hitler mit seiner NSDAP an die Macht gekommen war.

Was hatte der Arzt an dem Buch gefunden, dass er sich davon einen ganzen Vorrat anlegte? War es womöglich über all die Jahre heimlich seine Bibel gewesen? Hatte er gehofft, dass diese Zeiten wiederkehrten, oder war es für ihn nur ein Stück Erinnerung? Aber warum dann so viele? Oder war es nur, weil er einer Generation angehörte, die den Krieg, Not und Elend erlebt hat und sich deshalb grundsätzlich schwertat, etwas wegzuwerfen, ganz gleich, was es war?

Ich grübelte nicht ständig über diese Fragen nach, aber sie kamen immer wieder hoch, zumal ich recht lange in der Villa beschäftigt war. Da ich keine Antworten fand, reimte ich mir irgendetwas zusammen, das mir plausibel schien. Aber am nächsten Tag konnte ich schon wieder ganz anderer Meinung sein.

Das hing immer mit dem zusammen, was beim Ausräumen gerade zum Vorschein kam. Einmal waren es zum Beispiel alte Transportkisten aus Wehrmachtsbeständen, auf denen der Name des Arztes und sein Dienstgrad standen. Demzufolge war er Offizier gewesen. In einer der Kisten befand sich eine komplette Uniformausrüstung. Hosen, Jacken, Feldmütze, Schirmmütze, Schulterstücke, Kragenspiegel, sogar Stahlhelm und Gasmaske waren dabei.

Und wieder stellte ich mir die Frage: Warum bewahrt jemand so etwas fünfzig Jahre auf?

Dagegen brauchte ich nicht lange zu überlegen, wie ich die Sachen losbekommen würde. Ich kenne einen Mann, der sammelt alles, was aus der Zeit des Zweiten Weltkriegs stammt. Man würde es nicht vermuten, aber der Typ ist Russe und etwas über fünfzig, kommt ideologisch also eher von der anderen Seite.

Möbel habe ich bei dieser Räumung bisher noch gar nicht erwähnt. Das liegt daran, dass so gut wie keine da waren. Es gab das riesige, leere Bücherregal, die vollgestopften Einbauschränke, aber sonst kaum etwas, das die Mühe lohnte, sich eingehender damit zu beschäftigen.

Erwähnenswert war bestenfalls noch das altdeutsche Arbeitszimmer – ein Aufsatzschrank mit Glastüren und Schubfächern, mehrere Bücherregale, ein Schreibtisch. Damit war das Büro im Erdgeschoss in eine hölzerne Festung verwandelt worden. Genau das Richtige für Aleks.

Und da er sich einmal auf den weiten Weg gemacht hatte, erfreute ich ihn gleich noch mit einem großen Kühlschrank und mehreren Kisten Konservendosen. Suppen, Wurst, Fleisch, Gemüse, Obst, Fisch, die unterschiedlichsten Nudelgerichte – einfach alles, was man sich in Blech verpackt denken konnte, selbst Brot. Dauerbrot, um genau zu sein. Diesen Vorrat hatte ich in einem Kellerverschlag entdeckt. Offenbar die Notreserve für schlechte Zeiten. Eine vierköpfige Familie wäre davon satt geworden – und das bestimmt zwei Jahre lang.

Nicht alle Menschen bunkern so exzessiv, aber solche Lebensmitteldepots findet man in fast jedem Keller eines Hauses. Vor allem, wenn es von Leuten bewohnt wurde, die noch den letzten Krieg erlebt haben. Das ist bei denen im Kopf so drin, wie eine posttraumatische Belastungsstörung. Sie scheinen immer mit dem Schlimmsten zu rechnen.

Worauf man in solchen Häusern ebenso verlässlich stößt, sind ganze Batterien von Einweckgläsern, gefüllt mit Obst und Gemüse, manchmal auch mit Wurst oder Fleisch. Letztere eher in ländlichen Gegenden, wo früher viele noch selbst schlachteten.

Oft sind diese Gläser sorgfältig etikettiert und mit einer Jahreszahl versehen, daran kann man dann erkennen, dass manche von ihnen schon seit dreißig Jahren aufbewahrt werden. Das älteste beschriftete Glas, an das ich mich erinnere, war von 1972. Kleine Pfirsichhälften, die zusammengeklumpt nur noch die untere Hälfte des Glases füllten, der Rest war Saft. Beides hatte mittlerweile eine bräunliche Farbe angenommen.

Bei mir rufen diese Gläser mit Eingemachtem immer ein mulmiges Gefühl hervor. Selbst wenn ich nur zwei oder drei davon in einem Keller finde, oder in der Speisekammer einer Wohnung – ich muss jedes Mal an meine Großmutter denken, mütterlicherseits. Obwohl ich die nie kennengelernt habe. Was ich von ihr weiß, hat mir meine Mutter erzählt. Wahrscheinlich stelle ich sie mir deshalb als eine herzensgute Frau vor. Das muss sie aber auch gewesen sein, und darüber hinaus eine sehr starke Person, eine Kämpferin.

Ihre Familie stammte aus einer kleinen Ortschaft in Niederschlesien, etwa dreißig Kilometer östlich von Görlitz, jenseits der Neiße, die zugleich die Grenze zwischen Deutschland und Polen markiert. In diesem Ort sind meine Mutter und ihre beiden Geschwister geboren, und dort wuchsen sie auch auf, bis sie kurz vor Ende des Zweiten Weltkriegs aus ihrer Heimat flüchten mussten, wie Tausende und Abertausende andere Deutschstämmige in den damaligen Ostgebieten.

Es war irgendwann im Frühjahr 1945, als Großmutter ein paar Habseligkeiten auf einen Handwagen lud und mit den Kindern loszog, zu Fuß. Ihr Mann, mein Großvater, konnte ihnen nicht helfen, er saß zu der Zeit in russischer Kriegsgefangenschaft. Nach Görlitz trieb es die vier, weil dort mein Urgroßvater wohnte; bei ihm wollten sie fürs Erste unterkommen. Es müssen elende Tage gewesen sein. Mein Onkel erzählte später, sie hätten Sauerampfer von der Wiese gegessen, um überhaupt etwas im Magen zu haben. Sie mögen nach den ganzen Strapazen wie Vogelscheuchen ausgesehen haben, aber das Wichtigste war: Sie schafften es.

Doch dann machte sich Großmutter noch einmal allein auf den Weg, mit dem leeren Handwagen – wieder zurück nach Niederschlesien. Weil es nichts gab, der Hunger aber groß war und sie irgendwie ihre Kinder ernähren musste, wollte sie die Essensvorräte retten, die sie bei der Flucht im Keller ihres Hauses hatte zurücklassen müssen. Und das waren Gläser mit Eingewecktem.

Wie weit sie kam, weiß niemand aus unserer Familie. Angeblich übersah sie irgendwo auf einem Feld das Kabelende einer herabgestürzten Hochspannungsleitung, trat drauf und wurde durch den Stromschlag auf der Stelle getötet. Vielleicht stimmt das, vielleicht aber auch nicht. Es hieß damals, sie sei in der Gegend, in der es passiert war, anonym bestattet worden, da niemand sie dort gekannt habe.

Wo sich Großmutters Grab befindet, konnten wir bis heute nicht in Erfahrung bringen. Wahrscheinlich hätte man sich sofort darum kümmern müssen, aber es waren andere Zeiten. Und wer hätte das auch übernehmen sollen? Meine Mutter war die älteste von den drei Geschwistern, damals aber gerade mal zwölf Jahre alt. Selbst noch ein Kind, musste sie den Platz ihrer Mutter übernehmen und Bruder und Schwester versorgen. Und sich natürlich auch. Sie suchte sich Arbeit bei einem Bauern, damit sie zu essen bekamen und etwas anzuziehen hatten. Dass sie das in dem Alter schon alles hinbekam, davor kann man nur den Hut ziehen!

Sechs Jahre später wurde ich dann schon geboren. Und nie habe ich erlebt, dass meine Mutter gejammert hätte. Aber das ist bezeichnend für viele aus ihrer Generation. Die haben einfach angepackt und irgendwie nie ihren Optimismus verloren – bewundernswert. Heute braucht es nur mal drei Tage am Stück zu regnen, schon hört man die Leute klagen, wie schrecklich alles ist.

Hatte es im Leben des Arztes jemals solche lausigen Zeiten gegeben? Irgendwie fiel es schwer, sich das vorzustellen, aber man kann sich da leicht täuschen. Eine schöne Villa in einer angenehmen Gegend zu besitzen ist ja nicht automatisch eine Garantie dafür, dass man auch glücklich ist.

Zumindest beruflich schien es bei ihm gutgelaufen zu sein. In dem Büro, in dem das altdeutsche Arbeitszimmer stand, das Aleks mitnahm, hingen Fotos, die ihn bei verschiedenen feierlichen Anlässen zeigten, seriös im dunklen Anzug und mit einer dickrandigen Hornbrille auf der Nase – ganz der Mediziner. Auf einem der Fotos stand er Klaus Schütz gegenüber, der ihm offenbar gerade eine Auszeichnung überreichte. Das Foto wird also entstanden sein, als Schütz Regierender Bürgermeister von Westberlin war, irgendwann in den Jahren zwischen 1967 und 1977.

Von dem altdeutschen Arbeitszimmer gab es im Keller übrigens noch einen Zwilling. Anscheinend hatte der Arzt diese Möbel ausrangiert, es aber nicht fertiggebracht, sich endgültig davon zu trennen. Das wurde dann meine Aufgabe, denn anzufangen war mit ihnen nichts mehr. Das musste sogar Aleks zugeben, dem der trostlose Anblick nur ein Stirnrunzeln entlockte.

Überhaupt entpuppte sich der Keller als verkappte Mülldeponie, zumindest ein Teil davon. Dieser Bereich schien sich mit den Jahren immer weiter ausgedehnt zu haben. Ich schätze, wir hatten es mit dem Resultat von zwanzig bis dreißig Jahren Sammelaktivität zu tun. Angefangen hatte es offenbar mit zwei ausrangierten Fahrrädern, denn die standen ganz hinten, an eine Wand gelehnt. Davor alte Holzstiegen, gefüllt mit ölverschmierten Gegenständen, hauptsächlich aus Metall, die ich als Autoersatzteile identifizierte, aber keiner bestimmten Marke zuordnen konnte. Es folgten mehrere Hartschalenkoffer voller Stoffreste, bei denen sich jemand die Mühe gemacht hatte, sie nach Farben zu sortieren. Gleich daneben erhob sich ein kleiner Turm aus einem Dutzend Umzugskartons, und davor verstellten fünf oder sechs geflochtene Wäschekörbe den Weg, in denen sich Vasen, Kochtöpfe und allerlei Küchenutensilien befanden. Und so weiter und so fort, aber ich kürze besser ab: Was es auch war, es konnte alles weg.

Wenn sich etwas zu retten lohnte, dann noch am ehesten der Weinkeller. Nachdem ich bei vierhundert angelangt und immer noch kein Ende abzusehen war, hörte ich auf, die Flaschen zu zählen. Stattdessen rief ich einen Bekannten an, der seinen Lebensunterhalt damit verdient, alles Mögliche auf Trödelmärkten anzubieten. In meinem Gewerbe kann man gar nicht genug solcher Leute kennen. Das hilft ungemein bei der Arbeit, schon rein logistisch. Natürlich müssen sie vertrauenswürdig sein, sonst geht gar nichts.

Es war guter Wein, aber kein besonderer, sonst hätte ich ihn nicht weggegeben. Dafür habe ich einen Blick. Ein paar Kollegen und ich treffen uns ab und an ganz privat zu Weinverkostungen. Wir warten, bis sich insgesamt ungefähr zwanzig Flaschen aus Räumungen angesammelt haben, dann hocken wir uns irgendwo zusammen und lupfen der Reihe nach die Korken. Bedingung ist, dass es ausgefallene Tropfen sind – oder besonders alte. Einer aus unsere Runde, ein ehemaliger Polizist, bringt meistens welche aus Frankreich mit. Nicht alle von den Weinen kann man noch genießen, aber eine Gaudi ist es trotzdem jedes Mal.

Mit dem Bekannten einigte ich mich auf einen Pauschalpreis für den Wein aus der Villa. Ich glaube, es waren tausend Euro. Dafür durfte er gleich alle Flaschen mitnehmen, das heißt, er musste es sogar, denn der Abtransport war Bestandteil unseres Deals.

Wahrscheinlich wäre für mich mehr Geld herausgesprungen, hätte ich die Weinflaschen selbst auf Trödelmärkten angeboten, aber ich finde, man sollte sich auf das konzentrieren, was man am besten beherrscht, auf seine Kernkompetenz, so nennt man das ja wohl. Außerdem fehlte mir dafür die Zeit, und Spaß hätte ich daran auch nicht gehabt.

Das soll nicht heißen, dass ich etwas gegen Trödelmärkte habe, ganz im Gegenteil. Es gibt wunderbare Trödelmärkte, auf denen man sich vorkommt wie in einem Abenteuerland für Erwachsene. In Berlin halte ich vor allem den am Ostbahnhof für interessant. Auf dem Platz an der Nordseite, wenn man Richtung Karl-Marx-Allee geht, stehen Sonntag für Sonntag Händler, die teilweise echte Schätze anbieten.

Richtig spannend wird es jedes Jahr am 1. Mai und am 3. Oktober. An diesen beiden Tagen platzt der Markt förmlich aus den Nähten. Dann versammeln sich dort so ziemlich alle Händler, die in der Szene Rang und Namen haben, und nicht nur die aus Berlin. Beim letzten Mal kamen fast sechshundert zusammen – ungefähr fünfmal so viele wie an einem normalen Wochenende. Und aus der ganzen Republik trudeln Kunden ein. Sogar aus Polen kommen welche, aus Tschechien und aus Italien. Und wer weiß woher noch.

Doch das ist alles nichts gegen den Trödelmarkt, der einmal im Monat vor den Toren von Leipzig stattfindet, in einer kleinen Stadt namens Markkleeberg. Auf demselben Gelände wurde zu DDR-Zeiten regelmäßig eine große Landwirtschaftsausstellung als Fachtreffen und sozialistische Propagandaschau zelebriert. Honecker und die ganzen Oberhäupter der Ostblockstaaten waren dort Stammgäste.

»Antik- und Gebrauchtwarenmarkt« nennt sich die Veranstaltung, die in zwei Messehallen und auf einer riesigen Freifläche aufgezogen wird. Die Hoch-Zeit liegt in den Frühjahrs- und Sommermonaten, und vor Weihnachten ist auch schwer was los. Da karren im Schnitt jedes Mal um die zweitausend Händler ihre Waren an. Nicht, dass ich sie jemals gezählt hätte, aber mit dieser Zahl liege ich sicher nicht falsch. Viele kommen mit Wohnwagen, teilweise von weit her. Schweden, Dänen, Polen, Holländer, Tschechen, Franzosen, Italiener – all diese Nationalitäten sind vertreten und wahrscheinlich noch eine ganze Reihe mehr.

Die Veranstaltung ist ein Härtetest, selbst für begeisterte Frühaufsteher. Seinen Stand sollte man rechtzeitig aufgebaut haben, denn bereits um fünf Uhr, also praktisch noch mitten in der Nacht, finden sich die ersten Kunden ein. Das sind die Gierigen, die Hardcore-Sammler und -Jäger. Die bringen es fertig und postieren sich schon wie Wachsoldaten neben einem, während man noch völlig verschlafen aus der Wäsche guckt und damit beschäftigt ist, seine Ware auszupacken. Nur um zu verhindern, dass ihnen jemand zuvorkommt. Es könnte ja etwas dabei sein, das sie vor Begeisterung in Schnappatmung versetzt.

Es stört sie auch nicht, wenn es noch dunkel ist oder gerade erst dämmert. Für solche Fälle sind diese Typen bestens ausgerüstet. Entweder treten sie gleich mit einer Lampe an der Stirn auf, so dass man meinen könnte, sie wollten sich als Höhlenforscher betätigen oder in ein Bergwerk einfahren. Oder sie zücken urplötzlich eine Taschenlampe wie Charles Bronson seinen Revolver in der entscheidenden Szene in *Spiel mir das Lied vom Tod*. Nur dass einem keine Bleikugeln um die Ohren pfeifen. Stattdessen sorgt ein greller Lichtstrahl dafür, dass man kurzzeitig erblindet.

Woran man die Profis noch erkennt: Sie erscheinen niemals

ohne Ausrüstung. Seien es Sackkarre, Bollerwagen, Kinder-
buggy oder Einkaufstrolley, irgendetwas Fahrbares haben sie
dabei, um mögliche Beute wegzuschaffen. Und wenn es nur
ein klappriges Fahrrad ist, das sie bei Bedarf zu einem Lastesel
umfunktionieren können.

Ich finde diese Ansammlung von schrägen Vögeln herrlich.
Sooft es unsere Zeit erlaubt, sind wir auch dabei, allerdings als
Händler. Eva mit ihrem Schmuck und ich mit Fundstücken
aus den letzten Räumungen. Altes Spielzeug geht immer gut.
Oder kobaltblaues Porzellan, aber auch Rosenthal. Für beides
interessieren sich besonders Polen. Tschechen hingegen suchen nach Granatschmuck. Am liebsten haben sie böhmi-
schen Granat. Damit kann man ihnen wirklich eine Freude
machen, erst recht, wenn es sich um alte Stücke handelt, etwa
aus der Zeit zwischen 1860 und 1910. Solche Sachen reißen sie
einem förmlich aus der Hand.

Obwohl wir mit unserem Stand inzwischen fast zum Inventar
gehören, ist es für uns jedes Mal wieder so, als würden wir von
Berlin nicht die paar Kilometer nach Leipzig tuckern, sondern mal eben einen Abstecher auf einen anderen Planeten
machen.

Sicher liegt das auch an dem Menschenschlag, der dort zu-
sammenkommt, so geballt wie nirgendwo sonst. Dabei stellen
die Kunden nur den einen Teil der eigentümlichen Zeitge-
nossen. Der andere setzt sich aus den Händlern zusammen,
allesamt auch nicht gerade gewöhnliche Durchschnittsbürger,
sondern eher Individualisten, die ihr eigenes Ding machen

und sich um so etwas wie Zeitgeist und Mode nicht scheren. Diese Begriffe existieren für sie gar nicht. Nicht im Traum würde es ihnen in den Sinn kommen, sich irgendwelchen Markendiktaten zu unterwerfen. Womöglich noch, um nach außen hin etwas darzustellen, was sie weder sind noch jemals sein wollen – undenkbar!

Eine besondere Spezies unter den Händlern in Markkleeberg stellen die Silber-Fischer dar. Sie tauchen jedes Mal dort auf und haben für nichts anderes einen Blick als für das begehrte Edelmetall. Gegenstände aus Silber zu verkaufen ist inzwischen eine recht schwierige Angelegenheit geworden. Für ein antikes Silberbesteck, das vor einigen Jahren noch tausendfünfhundert Euro gebracht hätte, müsste man heute das Doppelte verlangen. Einfach, weil der Gramm-Preis für Silber seit der Finanzkrise nach oben geschossen ist. Aber dafür muss man erst mal einen Käufer finden, so viel wollen die wenigsten ausgeben.

Hier kommen die Silber-Fischer ins Spiel. Ihr Markenzeichen: ein prall gefülltes Portemonnaie. Und mit prall meine ich richtig prall. Diese Leute interessiert nicht, mit welchem Geschick ein hundert Jahre altes Silberschälchen einst ziseliert wurde, genauso wenig, aus welcher Epoche ein silberner Kerzenständer stammt oder eine Kaffeekanne, die aufwendig mit Engeln verziert ist. Und schon gar nicht, ob von dem alten Silberbesteck, das ihnen ein Händler anbietet, noch alle Teile vorhanden sind. Für sie zählt allein, dass die Sachen mit einer bestimmten Zahl gestempelt sind.

Mindestens die 800 muss irgendwo draufstehen, nur dann sind sie tatsächlich aus Silber und nicht bloß versilbert. Je höher die Zahl, desto reiner das Silber. Sterlingsilber zum Beispiel, daraus wird viel Schmuck hergestellt, trägt die 925 – besteht also zu 92,5 Prozent aus reinem Silber. Höher als 999 geht es auf dieser Skala allerdings nicht. Das ist dann Feinsilber, dessen Reinheitsgrad bei 99,9 Prozent liegt. Dafür kann man logischerweise auch den höchsten Preis verlangen. Momentan bekommt man über sechshundert Euro für ein Kilo.

Genau darum geht es auch den Silber-Fischern. Sie betrachten das ganze Silberzeug völlig emotionslos. Für sie ist es Mittel zum Zweck, und der besteht darin, Geld zu machen. Sie kaufen Silber wie Aktienhändler Wertpapiere, sozusagen hochspekulativ, nach dem uralten Prinzip: günstig kaufen, teuer verkaufen. Wobei zwischen günstig und teuer in der Regel nur ein paar Cent liegen, aufs Gramm berechnet. Also bringt es erst die Masse. Deshalb das volle Portemonnaie.

Wenn ein Silber-Fischer loslegt, dann langt er richtig zu. Sein Ziel dabei ist es, den Händlern ihre Silberwaren für einen Preis abzuschwatzen, der unter dem offiziellen Tagespreis liegt. Je mehr er einem abnimmt, desto größer die Chance, dass der sich darauf einlässt. Manche Silber-Fischer marschieren mit fünfzigtausend Euro auf dem Trödelmarkt ein. Und die sind am Ende auch weg – versilbert, könnte man sagen.

Ist ein Silber-Fischer dann »satt«, bringt er seinen Einkauf in eine Affinerie, auch Scheideanstalt genannt. Dort wird das Silber, ebenso wie Gold oder andere Edelmetalle, in einem speziellen Schmelzverfahren von Fremdstoffen gesäubert, bis es den größtmöglichen Reinheitsgrad erreicht.

Lohnend ist das allerdings nur, wenn ihm die Affinerie für sein Silber mehr Geld gibt, als er selbst dafür bezahlt hat. Das ist das Börsenspiel dabei. Er weiß vorher nie, was unterm Strich für ihn herausspringt. Allerdings muss er keinen Totalverlust fürchten, wie ihm das mit Aktien passieren könnte. Der Wert von Silber dürfte tendenziell eher steigen, da es immer knapper wird. Irgendwo habe ich gelesen, die Vorräte würden spätestens in zwanzig Jahren weltweit erschöpft sein.

Dermaßen intensiv betreibe ich das Silbersammeln nicht. Vor allem gebe ich kein Geld dafür aus. Trotzdem ist bei den Räumungen über die Jahre schon so viel zusammengekommen, dass es ein paar Kisten füllt. Was mich jedoch grundlegend von den Silber-Fischern unterscheidet: Sehe ich ein schönes antikes Stück aus Silber, geht mir das Herz auf. Das muss nur ein Zigarettenetui sein, in das kunstvoll der Name des früheren Besitzers eingraviert wurde. Oder ein kleines verziertes Schälchen, auf dem Pralinen gereicht wurden – vielleicht sogar am Hof von Kronprinzessin Cecilie von Preußen, im Marmorpalais in Potsdam, irgendwann zu Anfang des 20. Jahrhunderts. Die Dame soll ja sehr beliebt gewesen sein. Bestimmt empfing sie ständig Gäste, und denen wurden dann schmackhafte Sachen kredenzt. Ob dabei wirklich silberne Pralinenschälchen zum Einsatz kamen, ist natürlich fraglich, aber mir gefällt einfach, dass in diesen alten Dingen Geschichten stecken – und Geschichte.

Allein der Gedanke, etwas so Schönes in eine Scheideanstalt zu geben, damit es unwiederbringlich eingeschmolzen
wird, macht mich ganz krank. Deswegen kommen in meine
Silbersammelkisten nur solche Teile, die verbeult, zerbrochen
oder sonst wie beschädigt sind. Und irgendwelche Einzelstücke, die nicht mehr zu gebrauchen sind und die niemand
haben will.

Da ich gerade bei Edelmetallen bin: Bei Wohnungsauflösungen achte ich natürlich auch darauf, ob irgendwo ein
Goldbarren versteckt ist. Das Glück hatte ich aber noch nie,
leider. Krügerrand findet man da schon eher mal, aber auch
nicht säckeweise. Irgendwie habe ich den Eindruck, dass die
wenigsten Menschen diese Münzen wieder herausrücken,
wenn sie sie erst einmal in ihren Besitz gebracht haben. Ganz
gleich, wie hoch der Goldpreis schon steht, irgendwie scheinen sie immer zu hoffen, dass er noch steigt. Aber vielleicht
täusche ich mich auch, und die Leute behalten sie deswegen,
weil sie ihnen ein Stück Sicherheit vermitteln. Womöglich
denken sie: Sollte eines Tages mal alles schiefgehen, kann ich
wenigstens darauf zurückgreifen. Wie eine Art Rettungsring.
Das ist wahrscheinlich nicht sehr realistisch, aber verstehen
kann ich es, gerade in der heutigen Zeit.

Ansonsten finde ich Gold vor allem in Badezimmern. Alte
Leute haben meistens ein Gebiss. Und wer es sich leisten kann
oder bei einer großzügigen Krankenkasse versichert ist, gönnt
sich früher oder später einen Goldzahn, manchmal auch mehrere. Heute ist das vielleicht nicht mehr so verbreitet, in meiner
Generation und in denen davor war das aber noch üblich.

Falsche Zähne, auch wenn sie aus Gold bestehen, sind natürlich eine ziemlich intime Sache. Deswegen ist das Thema auch ein bisschen heikel. Aber ich nehme den Hinterbliebenen ja nichts weg. In Aktion trete ich nur, wenn es darum geht, zu verhindern, dass ein wertvoller Rohstoff im Müll landet. Das wäre nun wirklich die pure Vergeudung.

Auf eine Sache will ich noch einmal zurückkommen: Freilich war es ärgerlich, dass die größten Schätze bereits aus der Villa geräumt waren, bevor ich zum Zuge kam. Aber besser so als andersherum. Also, dass man erst eine prächtig eingerichtete Wohnung vorgeführt bekommt, sich größte Hoffnungen macht und dann den Auftrag doch nicht erhält. Das ist viel härter.

Natürlich muss man in diesem Geschäft immer damit rechnen, aber wir sind auch nur Menschen, und alle Gefühlsregungen kann man nicht ausschalten, ich jedenfalls nicht. Dafür bin ich viel zu sehr Schatzsucher. Mein Herz schlägt automatisch schneller, wenn ich ein spannendes Objekt in Aussicht habe.

Die schlimmste Enttäuschung, die ich in dieser Hinsicht bisher erlebt habe, liegt gar nicht lange zurück. Eines Tages, es war im tiefsten Winter, und die Stadt lag unter einer dicken Schneehülle, rief eine Frau an und bestellte mich zu einer Wohnung in der Nähe des Ku'damms, die vornehmere Ecke. Ich wusste, dass man in den Häusern eher großflächig wohnte. Doch was ich zu sehen bekam, überstieg noch meine kühnsten Erwartungen.

Die Wohnung lag in der obersten Etage, vierter Stock, und hatte ein Fläche von bestimmt vierhundert Quadratmetern, es können gut und gerne auch hundert mehr gewesen sein. Man kam sich vor wie in einem Palast, der in einer Wohnung versteckt war. Die Frau erzählte mir, dass ein bekannter Designer, der in den fünfziger und sechziger Jahren Stars wie Zarah Leander, Romy Schneider und Hildegard Knef einkleidete, in diesen Räumen pompöse Modeschauen abgehalten habe.

Man brauchte nicht viel Phantasie, um sich das vorzustellen. Die Wohnung hätte noch immer eine imposante Kulisse für glamouröse Veranstaltungen abgegeben. Im schönsten Zimmer, das geschätzt hundert Quadratmeter einnahm, war das Parkett mit Ornamenten intarsiert. Vor der Fensterfront stand ein schwarzer Steinway-Flügel, effektvoll platziert, direkt darüber schwebten drei Musen auf einem farbenfrohen Deckengemälde, wovon es in anderen Zimmern noch mehr gab. Den Blickfang in der Mitte des Raums bildete ein monumentaler Kristalllüster. Um ihn abzumontieren und sicher nach unten zu schaffen, hätte man mindestens sechs kräftige und geschickte Hände gebraucht.

Die Frau war Ende vierzig, eine zarte Person, edel gekleidet, hübsch anzusehen. Allerdings wirkte sie in den riesigen Räumen irgendwie verloren, als fühlte sie sich fremd darin und als würde sie all die Schönheit, die sie umgab, gar nicht mehr sehen. Ihr Mann war völlig überraschend mit Anfang sechzig an einem Herzinfarkt gestorben, und nun schien ihr alles über den Kopf zu wachsen.

Die Wohnung war ihr gemeinsames Paradies gewesen. Jedes Möbelstück hatten sie zusammen ausgesucht, dazu die großen Porzellanfiguren, die mehrere Anrichten schmückten, und sämtliche Gemälde an den Wänden. Es waren ausschließlich Originale, also wertvolle Stücke. Die Frau sagte, sie hänge an den Sachen, doch seit ihr Mann nicht mehr da sei, hätten sie ihre Bedeutung verloren. Der Tod veränderte alles, von heute auf morgen.

Die beiden waren erst wenige Jahre verheiratet gewesen. Sie hatten sich in einer Klinik kennengelernt, die er als Geschäftsführer leitete; sie war Ärztin. Für ihren Mann war es die zweite Ehe. Aus der ersten hatte er drei Kinder, die inzwischen erwachsen waren – und jetzt über einen Anwalt ihren Pflichtteil an der Erbschaft einforderten. Wohl auch deshalb wollte die Frau die Wohnung auflösen und alles verkaufen. Zunächst jedoch sollte ich ihr helfen, sich einen Überblick zu verschaffen, was all die Schätze wert waren, die sie und ihr Mann sich angeschafft hatten.

Wir brauchten drei Abende dafür. Sie führte mich von einem Zimmer zum nächsten. Jedes war mit schönen alten Möbeln ausgestattet, üppig, aber nicht überladen. Sie hatten die Räume nicht streng nach Epochen eingerichtet, sondern verschiedene Stile miteinander kombiniert. Ganz, wie es ihnen ihr Geschmack vorgegeben hatte, und der war exzellent.

Selbst das Badezimmer war ein Schmuckstück. An den Wänden original Jugendstilfliesen mit reliefierten Verzierungen, um 1910, schätzte ich, eine wahre Pracht! Dazu eine freistehende Badewanne aus Gusseisen, mit Füßen, die aussahen wie vergoldete Löwentatzen. Die Wanne war vermutlich nicht ganz so alt und auch nicht übermäßig praktisch, machte aber richtig was her.

Als wir das Schlafzimmer betraten, musste ich erst einmal schlucken. Auf dem Nachttisch – ein wunderschönes und sehr gut erhaltenes Stück aus der Biedermeierzeit – lagen zwei silberne Manschettenknöpfe ihres Mannes. Und auf dem antiken Herrendiener aus poliertem Nussbaumholz hing der Anzug, den er vor seinem Tod zuletzt getragen hatte. Das sagte die Frau zwar nicht, aber ihr Blick verriet es mir. Anscheinend hatte sie bisher nicht die Kraft gefunden, ihn wenigstens in den Kleiderschrank zu hängen. Sie habe überhaupt noch nichts von ihm anrühren können, sagte sie, und es klang so, als wolle sie sich dafür entschuldigen.

Während ich mir alles ansah, erstellte ich eine Inventarliste, die nicht nur die Möbel, Lampen und Gemälde enthielt, sondern auch vieles, das sich in Schränken verbarg. Im Esszimmer beispielsweise war ein großer Geschirrschrank aus der Gründerzeit, der auf Kugelfüßen stand und dessen Türen reichlich mit Schnitzereien verziert waren, fast komplett mit Meissener Porzellan gefüllt. Mehrere Services und zusätzlich verschiedene Einzelstücke wie Kerzenhalter und Figuren, die man als Tischdekoration verwenden konnte.

Je mehr ich zu sehen bekam, desto inniger hoffte ich, dieser Auftrag würde mein nächster werden. Welche Schranktür die Frau auch öffnete, es wurde nie langweilig. Die ganze Wohnung glich einer Schatzkammer.

Aber das war eben auch das Brutale: Ich war so dicht dran,

sah alles, durfte die schönsten Stücke sogar in die Hände nehmen, bewunderte sie wie kleine Heiligtümer … und dann.

Und dann verabschiedeten wir uns. Ich setzte mich zu Hause an den Schreibtisch, rechnete noch einmal alles in Ruhe durch und schickte der Frau mein Angebot.

Es vergingen fast zwei Monate, dann trafen wir uns noch einmal in der Wohnung, so dass ich schon glaubte, mich auf der Zielgeraden zu befinden. Wir plauderten ein Weilchen, sprachen über alles Mögliche, doch irgendwie kam sie nicht auf den Punkt. Direkt fragen wollte ich aber auch nicht. Mit einem solchen Auftrag vor Augen möchte man auf den letzten Metern nichts versauen. Immer schön geschmeidig bleiben, sagte ich mir, aber das fiel nicht leicht. Irgendwann hatte ich das Gefühl, dass es Zeit wurde zu gehen. Nichts war geklärt, das wird auch der Frau aufgefallen sein. Doch sie meinte nur, es gäbe Schwierigkeiten mit den Erben, da müsse noch einiges geregelt werden.

Das waren die letzten Worte. Danach hörte ich nie wieder von ihr. Soviel ich weiß, lebt sie nach wie vor in der Wohnung.

# Jungfrau Maria

Ich hatte mich also nicht geirrt, die Adresse lag tatsächlich in dieser Gegend von Potsdam, in einer Plattenbausiedlung aus den siebziger Jahren. Man könnte auch sagen: einem Mahnmal sozialistischer Städtebaukultur. Variationen in Höhe und Breite. Fünfgeschosser, Elfgeschosser, Fünfzehngeschosser … wohin das Auge blickte. Darüber hinaus gab es dort kaum etwas anderes. Ein oder zwei Fitzelchen Rasengrün vielleicht, drei Bäume − und die Straßen natürlich, die das Areal begrenzten. Sie waren schön breit, damit eine Menge Autos darauf Platz fanden. Im Berufsverkehr − einmal morgens, einmal abends − bebte die Erde, aber jeweils höchstens für zwei oder zweieinhalb Stunden.

Was sollte hier schon zu holen sein?, fragte ich mich, während ich, auf der Suche nach dem richtigen Eingang, mit meinem Transporter im Schneckentempo an den Hochhauszeilen entlangfuhr.

Solche Situationen sind es, die den Charakter eines Menschen festigen, da bin ich mir ganz sicher. Wer bei so einer Aussicht nicht umdreht und die Heimreise antritt, hat schon fast gewonnen. Ganz allgemein betrachtet, aber auch ganz konkret – gegen seinen inneren Schweinehund nämlich. Und mit ein bisschen Glück springt dabei vielleicht sogar mehr heraus. Man weiß es nicht, aber die Chance besteht. Schon deswegen ist Weitermachen (in diesem Fall: Weiterfahren und -suchen) nicht die unklügste Entscheidung.

Ganz in der Nähe der Hochhaussiedlung hatte ich einmal ein Erlebnis der etwas anderen Art. Geräumt werden sollte eine bescheidene Wohnung in einem sanierten Mietshaus, das achtzig oder neunzig Jahre auf dem Buckel hatte. Zwei Zimmer, Küche, Bad, kleiner Balkon. Die Ausstattung typischer Durchschnitt: Schrankwand, Sofa, zwei Sessel, gekachelter Couchtisch, das Schlafzimmer noch aus DDR-Produktion, sechziger Jahre, solide, aber wertlos, weil unverkäuflich. Auch die Küchenmöbel sollten ausgebaut und entsorgt werden. Überhaupt war abzusehen, dass das meiste auf der Kippe landen würde. Nicht einmal für Aleks schien etwas dabei zu sein. Fernseher und Waschmaschine hatten die Hinterbliebenen selbst behalten.

Auftraggeber war ein Ehepaar. Er Rentner, sie Lehrerin, kurz vor der Pensionierung – die Tochter der Verstorbenen. Wir trafen uns, sie führten mich durch die Wohnung, und nach einer knappen Viertelstunde hatte ich mir einen Überblick verschafft. Am Ende unterbreitete ich ihnen mein Angebot. Ich glaube, es waren fünfhundert Euro, die ich für meine Arbeit veranschlagte, plus Mehrwertsteuer, wie üblich. Und damit hatte ich schon ziemlich knapp kalkuliert. Irgendetwas Unvorhergesehenes, und ich hätte wahrscheinlich sogar draufzahlen müssen.

Das Ehepaar entschied sich nicht sofort. Die beiden meinten, sie wollten zunächst noch andere Angebote einholen. Dagegen war nichts zu sagen. Dann auf einmal konnte es ihnen gar nicht schnell genug gehen. Bereits am nächsten Morgen meldete sich der Mann, nannte seinen Namen und trötete durchs Telefon: »Wir haben uns für Sie entschieden!« Nur diesen einen Satz, im Tonfall eines gnädigen Gönners. Darauf folgte eine kurze Pause, als wollte er mir Zeit geben, meiner Dankbarkeit Ausdruck zu verleihen.

Um weder seine noch meine Zeit unnötig zu vergeuden, unterbrach ich die Stille und antwortete: »Na, das ist doch schön! Wann soll ich anfangen?«

Es dauerte zwei Tage, dann war die Arbeit erledigt. Dachte ich. Ich hatte alles wie immer gemacht, die Wohnung war komplett leer, der Fußboden besenrein. Zur Übergabe erschien die Lehrerin allein. Wortlos marschierte sie von einem Zimmer zum nächsten, begutachtete die Wände, den Boden, die Decke. Als sie nach zirka zweieinhalb Minuten – die Wohnung war schließlich kein Palast – das Badezimmer erreichte, verfinsterte sich ihre Miene, die schon vorher nicht gerade sonnig gewesen war. Die Frau blieb im Türrahmen stehen und regte sich nicht. Eine Minute, zwei Minuten …

Nach etwa drei Minuten fragte ich mich, ob sie vielleicht vorhatte, an der Stelle Wurzeln zu schlagen. Sie sagte keinen Ton. Stattdessen starrte sie unverwandt auf die Badewanne.

Dann tat sich doch etwas, sie drehte den Kopf zu mir und unsere Blicke trafen sich für ungefähr den Bruchteil einer Hundertstelsekunde. Was eindeutig zu kurz war, um in ihrem

Gesicht irgendeinen Hinweis darauf zu finden, was sie mit diesem Schauspiel bezweckte. Ich wartete also ab, was weiter geschehen würde. Für den Rest des Tages hatte ich mir ohnehin nichts mehr vorgenommen.

Gerade als ich dachte, ich sollte mir für solche Fälle angewöhnen, wenigstens einen Stuhl bis zuletzt in der Wohnung stehen zu lassen, hörte ich auf einmal ihre Stimme. Zeitlupenartig und entrückt sagte sie: »Das ist nur ein Befriedigend!«

Dieser Ton ... woher kannte ich den bloß? Ich brauchte nur drei Sekunden, bis es mir einfiel: aus meiner Schulzeit! Schon komisch, dass man so etwas selbst im Alter nicht vergisst. Aber wahrscheinlich liegt das daran, dass ich die Lehrer damals mit meiner Widerspenstigkeit einfach zu oft zu solchen Kurzpredigten verleitete.

Weiter kam ich mit meinen Gedanken nicht. Die gestrenge Lehrerin, die noch immer wie hypnotisiert auf die Wanne stierte, meldete sich erneut zu Wort. Anscheinend hatte sie eine Entschuldigung von mir erwartet. Jetzt schien sie ernsthaft verärgert, als hätte sie es mit einem notorisch ungehorsamen Schüler zu tun: »Die Badewanne! Wir hatten Ihnen doch gesagt, die Verkleidung soll entfernt werden!«

Die Frau hatte vollkommen recht. Wie hätte ich das vergessen können! Hatte ich auch nicht. Ich war lediglich der Ansicht gewesen, ihnen diesen Unsinn ausgeredet zu haben, mit einfachen, verständlichen Worten.

Was sie und ihr Mann als Verkleidung bezeichnet hatten, war ein sogenannter Wannenträger aus Styropor. Dieser umschloss die Wanne nicht nur an allen Seiten, sondern auch auf dem Boden, wodurch sie erst den richtigen Halt bekam. Die sichtbare Front des Wannenträgers, die sie jetzt anstarrte, als wäre direkt vor ihr ein Raumschiff mit Außerirdischen gelandet, war lediglich mit einer Selbstklebefolie mit Fliesenmuster verschönert worden. Wenn man also wollte, dass die Wanne in ihrer Position blieb, tat man gut daran, sich gerade nicht an dem Styropor zu vergreifen. Mir leuchtete das ein, der Lehrerin offenbar nicht.

Ich ließ mir nichts anmerken, aber ich spürte, wie etwas in mir zu brodeln begann. Statt zu überlegen, wie ich der Frau am besten den Hals umdrehen könnte, mimte ich die Gelassenheit auf zwei Beinen und unternahm einen neuen Versuch, ihr den Widersinn ihrer Anweisung zu erläutern: »Das Styropor müssen Sie sich wie eine Hülle vorstellen, dadurch wird die Badewanne überhaupt erst gehalten. Außerdem ist das rundherum ein einziges Teil. Wenn Sie wollen, dass ich die Vorderseite wegmache, müsste ich sie abbrechen. Aber dann wäre die Wanne nicht mehr benutzbar, sie könnte verrutschen oder gar umkippen.«

Ich fand, das war eine klare Aussage, deren Tragweite man zügig und ohne besondere intellektuelle Anstrengung erfassen konnte. Doch an ihr prallte sie ab wie ein Tennisball, den man mit Wucht gegen eine Wand schlägt. Ein Nicken ihrerseits – als Zeichen, dass wir uns einig waren – hätte mich vollkommen zufriedengestellt. Stattdessen legte sie noch einmal dieselbe Platte auf und fauchte: »Aber Ihr Auftrag war doch …!«

Mir ist bis heute kein Grund eingefallen, weshalb sie derart verbohrt darauf beharrte. Aber wenn man so jemanden vor sich hat, ist alle Liebesmüh vergebens und jedes Wort umsonst. Also griff ich still mein Werkzeug und machte mich daran, den Wannenträger zu zerstören, damit die Gute ihren Frieden fand.

Hinterher wackelte die Wanne fast vom bloßen Hingucken, und die freigelegte Außenseite sah wirklich scheußlich aus. Das Bad war damit ruiniert. Schade nur, dass ich die Geschichte nicht bis zu Ende verfolgen konnte. Zu gern hätte ich das Gesicht des Vermieters bei der Übergabe der Wohnung gesehen. Ob der womöglich auch gesagt hat: »Das ist nur ein Befriedigend«?

Doch zurück zu dem Plattenbaugeviert in Potsdam. Um Wiederholungen zu vermeiden, drehe ich die Zeit einfach ein Stückchen weiter: Die Wohnung befand sich in einem Elfgeschosser. Ich bekam den Auftrag. Vermutlich standen meine Kollegen nicht eben Schlange, um mir bei diesem Projekt Konkurrenz zu machen, insofern war die Angelegenheit rasch entschieden.

Um die Wohnung zu beschreiben, die darauf wartete, dass ich alles beseitigte, was an ihren letzten Mieter erinnerte, genügt ein Wort: Sarg! Allerdings war es ein Sarg in Großformat – mit Auslauf sozusagen. Und der Deckel war auch nicht ganz zugeklappt, ein bisschen Licht fiel durchs Fenster herein. Es wurde sogar noch ein bisschen mehr, nachdem ich eine ehemals weiße, jetzt dunkelgelbe Gardine entfernt hatte, die zu leben schien.

Aber sonst? Ich sage nur: Parterre! In Blöcken wie diesem war das einen Hauch besser als Keller, aber eben nur einen Hauch.

Die Wohnung war von oben bis unten mit vergilbten Brettern aus Kiefernholz verkleidet, nicht nur die Wände, auch die Decke. Die dunklen Astlöcher sahen aus wie zu groß geratene Leberflecke. Nur die Wand direkt gegenüber der Wohnungstür war freigelassen worden, dort befand sich eine kleine Kochnische. Und die dreißig Quadratzentimeter Fläche zwischen Ober- und Unterschrank waren dunkelgrau gefliest.

Jede Wohnung erzählt eine Geschichte, bei dieser hier konnte es sich nur um eine traurige handeln. In solch einem Loch möchte niemand enden. Die Wohnung bestand aus einem einzigen Zimmer; die Grundfläche maß weniger als fünfundzwanzig Quadratmeter. An einer Wand stand ein schmales Sofa, das offenbar zugleich als Schlafplatz gedient hatte. Über den graubraunmelierten Bezug war ein Bettlaken ausgebreitet, das aussah, als wäre es noch nie gewaschen worden. Eine ähnliche Färbung zwischen Gelb und Braun wies die Daunendecke auf, die am Fußende zurückgeschlagen war und wie ein totes Tier über der Lehne hing.

Auf dem Couchtisch davor – wieder ein Modell mit gefliester Tischplatte, nur dass man sie diesmal mit einer kleinen Kurbel höher- und tieferstellen konnte – befanden sich noch die Reste der letzten Mahlzeit des Verstorbenen: eine Flasche Fusel, Weinbrandverschnitt, und drei Flaschen Bier, alle leer, im Gegensatz zu dem Aschenbecher, der wie eine Mülldeponie in Miniaturformat zwischen Flaschen und Gläsern über-

quoll. Ansonsten lagen auf dem Tisch ein paar alte Fernseh-
zeitschriften, zerfledderte Zigarettenschachteln, mehrere Kas-
senbons, verstreute Geldstücke und eine Fernbedienung.

Diese gehörte offenbar zu dem Fernseher in der Schrankwand gegenüber. In die Ecke neben dem Schrank war ein Vertiko gequetscht, dass man fast Mitleid bekam. Es beherbergte
eine respektable Sammlung an Biergläsern und Bierkrügen,
machte sonst aber nicht viel her. Vom Zustand des Teppich-
bodens rede ich lieber gar nicht erst.

Das Vertiko war ein Abbild der Wohnung im Kleinen:
Drinnen sah es ziemlich chaotisch aus, das meiste fiel unter
die Kategorie Müll. Mit den Gläsern war nichts anzufangen, zwischen den Krügen jedoch entdeckte ich einen, den es
aufzuheben lohnte. Er war aus Ton und mit einem farbigen
Jagdmotiv verziert, außerdem hatte er einen verschnörkelten
Zinndeckel, der sich nach oben hin verjüngte wie eine Zipfel-
mütze. Ein typisches Exemplar aus der Gründerzeit. Mit dem
Ding konnte man jemanden erschlagen – oder einen Sammler
erfreuen. Letzteres entsprach eher meiner Absicht.

Die Gefahr bei Wohnungen wie dieser ist, dass man automatisch dazu neigt, seine Arbeit als reine Entrümpelungsaktion
zu sehen: Erst erfährt man, dass jemand darin lebte, der dem
Alkohol verfallen war und seine Tage im Dauerdelirium zu-
brachte. Dann kommt man da rein, wird von einem Geruch
empfangen, der einen fast zu Boden schmettert und gleichzeitig den Mageninhalt mit Hochgeschwindigkeit nach oben
treibt. Nachdem man vorsichtig wieder zu atmen begonnen

hat, sieht man sich um, was es auch nicht besser macht, und vergisst dabei glatt die Schatzsuche.

Vermutlich wäre es mir hier genauso ergangen, hätte nicht ziemlich schnell ein Bild meine Aufmerksamkeit erregt. Es hing über dem Sofa und schien überhaupt nicht dorthin zu passen. Weder in die Wohnung noch in diese Gegend, die ja eher evangelisch geprägt ist. Um das Motiv erkennen zu können – Maria mit Jesuskind auf dem Arm, im Stil von Raffaels Sixtinischer Madonna –, musste man sehr genau hinschauen. Das lag nicht etwa an der Qualität des Bildes, sondern an einer dicken, bräunlich-schwarzen Schmutzschicht, die sämtliche Konturen darunter verschwinden ließ. Es war auch gar nicht so sehr das Motiv, das meinen Blick fesselte – der breite Rahmen hatte es mir angetan. Eine auffällige Schnitzarbeit, die vergoldet zu sein schien. Allerdings ist ein guter Rahmen häufig auch ein Zeichen dafür, dass das Bild ebenfalls nicht ganz wertlos ist.

Ein zweites Signal, das mir bedeutete, ich sollte besser die Augen aufsperren, kam von oben. Nicht von ganz oben, nur von der Zimmerdecke. Dort hing ein Lüsterengel, wie ich ihn vorher noch nirgends gesehen hatte. Er stammte vermutlich aus dem 18. Jahrhundert, war aus Holz geschnitzt, mit einer Körperhaltung, als würde er schweben, die Arme ausgebreitet. In jeder Hand hielt er eine Fackel, die sich nach allen vier Seiten öffnete und in Form elegant geschwungener Lüsterarme fortsetzte. Deren Enden waren jeweils mit einem Kerzenhalter versehen. Und das alles in Gold getaucht.

Dieser kleine Engel und ich – das war Liebe auf den ersten

Blick. Obwohl auch er nicht gerade glänzte, wie er dort so hing, erweichte er sofort mein Herz. Dass das zwischen uns keine flüchtige Affäre war, sieht man heute noch, wenn man bei mir zu Hause ins Wohnzimmer kommt. Dort gehört ihm seit Jahren ein Ehrenplatz, an der Decke vor dem großen Fenster, mit freier Sicht hinunter auf die Straße.

Angesichts der Erkenntnis, dass es an diesem traurigen, schmuddeligen Ort durchaus kleine Schätze zu entdecken gab, sah ich mir auch das Vertiko noch einmal gründlicher an. Eine kluge Entscheidung, wie sich herausstellen sollte. Mit dem Möbelstück selbst war zwar auch auf den zweiten Blick kein Blumentopf zu gewinnen. Doch obendrauf, auf dem Dach des Aufsatzes, ganz nach hinten an die Wand geschoben, dass man ihn kaum sehen konnte, verbarg sich ein Helm vom Typ Pickelhaube, wie man ihn von Bildern aus der Kaiserzeit kennt. Er war ordentlich eingestaubt, und ich dachte zuerst: sicher eine Nachbildung aus Plastik, eine Kopfbedeckung für den Fasching. Aber dann nahm ich ihn in die Hand und spürte sein Gewicht – er konnte unmöglich aus Plastik sein.

Es war Messing, genauer gesagt Tombak, eine spezielle Messingsorte mit hohem Kupferanteil, die man im polierten Zustand mit Gold verwechseln könnte. Und der Helm mit Steckspitze und Schuppenkette war auch keine Imitation. Auf seiner Stirnseite prangte ein Gardestern in Neusilber. Dessen Mitte markierte ein schwarz lackierter Adler, darüber stand »SUUM CUIQUE« – jedem das Seine. Und in dem äußeren

Kreis war das Schriftband »FÜR KÖNIG UND VATER-
LAND 1860 MIT GOTT« zu lesen. Solche Helme trugen die
Soldaten der Gardes du Corps, so hieß die Leibgarde der
Preußen-Könige.

Wie der Mann, der in der Wohnung gelebt hatte, zu diesen Gegenständen gekommen war, blieb ein Rätsel. Seine
Schwester, die mich engagiert hatte, konnte sich das nicht erklären. Ihr Bruder sei ein ganz normaler Handwerker gewesen
und habe die meiste Zeit auf dem Bau geschuftet. Bis es mit
der Sauferei so schlimm geworden sei, dass seinen Chefs das
Risiko zu groß wurde, und niemand mehr ihn beschäftigen
wollte. Er habe sich schon immer gern einen hinter die Binde
gekippt, aber ausgeufert sei es erst, nachdem seine Frau ihn
rausgeworfen und gleich danach die Scheidung eingereicht
hatte. Darüber sei er nie hinweggekommen. Es habe danach
eine andere Frau gegeben, aber die sei, was den Umgang mit
Alkohol anbelangte, kaum besser gewesen als er. Am Ende
war es wohl wie ein Selbstmord auf Raten, er habe sich regelrecht totgesoffen, meinte sie. Als er starb, war er sechsund-
fünfzig.

Da es sich also nicht um Familienerbstücke handelte, hatte
er vielleicht als Handwerker privat einige Aufträge angenommen und war auf diesem Weg an das Bild und den Helm ge-
langt. Als Teil seines Lohns möglicherweise oder einfach, weil
ihre Besitzer die Sachen loswerden wollten und sie ihm gefielen. Gestohlen wird er sie jedenfalls kaum haben, sonst hätte
er zumindest das Bild nicht derart auffällig in seiner Wohnung platziert.

Wie es auch gewesen sein mochte, der gute Mann schien nicht geahnt zu haben, was er da eigentlich besaß. Andernfalls hätte er beides wahrscheinlich bei der erstbesten Gelegenheit verschleudert und das Geld in Hochprozentiges umgesetzt.

Den Helm verkaufte ich an einen Sammler. Das war relativ schnell erledigt und nicht weiter aufregend. Mit dem Bild, das ein Format von vierzig mal fünfzig Zentimetern hatte, ließ ich mir etwas mehr Zeit. Aus keinem bestimmten Grund, ich war nur ausreichend mit anderen Dingen beschäftigt und dachte: Das Bild läuft mir schon nicht weg, darum kann ich mich später kümmern.

Inzwischen hatte sich zumindest meine erste Vermutung bestätigt, der Rahmen war tatsächlich vergoldet. Was die Einschätzung des Maria-und-Jesuskind-Motivs betraf, war ich mir immer noch unsicher. Vielleicht würde ich das Bild verkaufen können, darauf gewettet hätte ich nicht.

Es gingen einige Wochen ins Land, dazwischen lagen zwei oder drei andere Wohnungsauflösungen, ehe ich dazu kam, mich näher mit dem Bild zu beschäftigen. Als es dann so weit war, entfernte ich vorsichtig den gröbsten Schmutz, drehte es um und zog die Stifte heraus, die die Rückwand hielten. Da diese aus gewöhnlichem Pappkarton bestand, den jemand offenbar mit einer Schere zurechtgeschnitten hatte, und das nicht einmal besonders geschickt, versprach ich mir von dem Bild darunter doch nichts mehr.

Dieser Moment der Desillusionierung hielt aber nur ungefähr fünf Sekunden an. So lange nämlich, bis ich die Pappe abgehoben hatte, wodurch der Blick auf zwei kleine blaue

Schwerter frei wurde, die wie ein X gekreuzt waren. Damit hatte ich nun wirklich nicht gerechnet: Das Bild von der Jungfrau Maria und ihrem Sohn war auf eine Platte aus Meissener Porzellan gemalt worden, und zwar irgendwann um 1850. Das passte zeitlich ganz gut zu dem Gardehelm.

Wer sich ein bisschen mit Porzellanmalerei auskennt, weiß, dass das zur damaligen Zeit eine recht aufwendige und vor allem umständliche Beschäftigung war. Ein Maler, der sich daran versuchte, musste nicht nur geschickt mit dem Pinsel umgehen können und in Farbenlehre bewandert sein. Ebenso wichtig war, dass er wusste, wie sich die jeweilige Farbe durch das Brennen im Ton veränderte. Als Vorlage für viele Porzellangemälde dienten Originale berühmter Meister. Der Maler setzte sich also vor ein solches Original und fertigte auf einer Porzellantafel eine Kopie davon, manchmal auch nur von einem Ausschnitt. Diese wurde anschließend zum Brennen nach Meißen in die Manufaktur gebracht. Damit die Kopie zum Schluss farblich dem Original entsprach, waren zehn bis zwölf Farbaufträge erforderlich. Und nach jedem einzelnen musste das bemalte Porzellan erneut gebrannt werden, so dass bei manch einem Bild Jahre ins Land gingen, ehe es vollendet war.

Ich wusste, dass gute Porzellangemälde immer noch geschätzt werden. Also wandte ich mich an ein angesehenes Auktionshaus, das im Kunstgeschäft erfolgreich tätig ist, auch international. Wahrscheinlich hätte ich mich nicht ausgerechnet an diese Adresse gewandt, hätte ich nicht noch einen anderen Schatz im Gepäck gehabt: eine Spielzeugsänfte aus dem

18. Jahrhundert, mit einer Puppe darin und handsigniert von dem italienischen Künstler, der sie geschaffen hatte. Eine solche Sänfte war mir vorher noch nie untergekommen, obwohl ich damals schon einige Jahre mit Antiquitäten zu schaffen hatte. Sie stammte auch nicht aus einer Wohnungsauflösung. Ich hatte sie jemandem abgekauft, weil sie mir gefiel und weil ich annahm, dass es davon nicht allzu viele gab.

Das Internet ist für so etwas ein ganz guter Gradmesser. Wenn man dort nichts Entsprechendes findet, wird es gleich interessanter. Das gilt auch für andere Dinge, für antiquarische Bücher beispielsweise. Allerdings macht das Netz gleichzeitig eine Menge kaputt. Echten Sammlern ist es ein Graus, wenn jeder mit einem Mausklick das Objekt ihrer Begierde einfach aufrufen und bewundern kann – wenn auch nur in Form einer Abbildung, nicht gegenständlich. Trotzdem wird ihm dadurch das Besondere, Einzigartige genommen. Und der Wunsch, es besitzen zu wollen, verliert auf diese Weise für viele schnell seinen Reiz. Ein Sammler will immer auch Entdecker sein. Wenn aber jeder weiß, woher man ein bestimmtes Stück hat, macht man sich schnell zum Deppen. Dann kennen die anderen auch den Preis, und ganz peinlich wird die Sache, wenn sich herausstellt, dass man das Objekt anderswo auch für deutlich weniger hätte bekommen können.

Man muss da genau unterscheiden: Es gibt Sammler, das sind besessene Leute, die gehen in ihrer Leidenschaft auf und begeistern sich mit ganzem Herzen für die Dinge, die sie zusammentragen. Solche Menschen stelle ich mir ziemlich glücklich vor. Weil sie etwas haben, in das sie ihre Energie stecken, durch das sie etwas lernen und das sie letztlich auch erfüllt.

Und dann gibt es Dekorationssucher – davon kenne ich auch welche. Sie wollen sich mit etwas Besonderem schmücken, tun es also eher für andere, damit die staunen und sie bewundern. Bei denen ist das keine Herzensangelegenheit, sondern eine Krücke fürs eigene Ego. Ob so etwas langfristig glücklich macht? Das kann ich mir schlecht vorstellen.

Bei der Sänfte waren meine Erwartungen relativ groß. Das Auktionshaus gab sie zu einer Versteigerung nach London. Den Katalog, in dem sie aufgelistet war, schickten sie mir vorher. Ich las den Text, der unter der Abbildung stand, und stutzte. Und dann ärgerte ich mich fürchterlich. Mit keinem Wort war die Signatur erwähnt, dabei adelte diese das gute Stück doch erst. Anhand der Signatur hätte man herausfinden können, wer der Künstler war. Das wiederum hätte etwas über die Qualität der Arbeit ausgesagt und den Wert der Sänfte sicher gesteigert.

Aber vielleicht war es genau das, was die Leute vom Auktionshaus verhindern wollten. Mir gegenüber meinten sie, die Signatur nicht aufzuführen sei ein Versehen gewesen, überaus bedauerlich, ich möge ihnen diesen Fehler doch bitte nachsehen. Ob das der Wahrheit entsprach oder nur eine Ausrede war – ich weiß es bis heute nicht.

Allerdings kamen mir immer mal wieder Geschichten zu Ohren, die Zweifel berechtigt erscheinen lassen. Demnach soll es durchaus üblich sein, dass selbst renommierte Auktionshäuser Exponate, die sie anbieten, durch Strohmänner zunächst selbst ersteigern, um sie hinterher auf anderen Auktionen finanziell potenteren Bietern vorzusetzen oder verschwiegen an interessierte Kunden zu verhökern.

Eine äußerst wohlhabende Dame aus einer vornehmen Schweizer Industriellenfamilie, die seit Jahrzehnten Kunstwerke sammelt, erzählte mir einmal folgende Begebenheit: Aus irgendeinem Beweggrund hatte ihre Familie beschlossen, ein Gemälde aus der überaus umfangreichen Sammlung zu verkaufen. Es war das Werk eines berühmten englischen Malers, von dem höchst selten etwas auf dem Kunstmarkt angeboten wird. Entsprechend hoch sind die Preise.

Die Familie wandte sich an ein großes, international tätiges Auktionshaus. Zufälligerweise war es dasselbe, dem ich die Sänfte und das Porzellanbild angeboten hatte. Die Auktion sollte in London über die Bühne gehen. Als Startpreis für das Gemälde waren drei Millionen Pfund vereinbart worden.

Die Dame, die sich als Familienvertreterin um die Abwicklung des Geschäfts kümmerte, reiste am Tag vorher an die Themse. Als sie abends allein im Hotel saß, stellte sich unerwartet Besuch ein. Einer der Chefs des Auktionshauses machte seiner arrivierten Kundin persönlich die Aufwartung. Eine schöne Geste, fand diese, und sie ging davon aus, dass es ein netter Plausch unter Kunstliebhabern würde. So ließ sich das Gespräch zunächst auch an. Dann jedoch änderte der Besucher mit einem Mal seinen Kurs. Ganz unverhohlen bot er der

Dame drei Millionen Pfund für das Gemälde, das am nächsten Morgen versteigert werden sollte, auf der Stelle, in bar.

Nach dem zu urteilen, was die Dame mir erzählte, muss sie recht ungehalten reagiert haben. Das konnte ich mir lebhaft vorstellen. Wir waren zwar nicht laufend in Kontakt, sondern nur, wenn es sich beruflich ergab, also im Zusammenhang mit irgendwelchen Antiquitäten. Doch dann war sie mir stets als eine stolze Person begegnet, die großen Wert auf Respekt und Anstand legte. Ihr muss dieses Angebot so unmoralisch erschienen sein, als hätte der Kerl sie zu überreden versucht, mit ihm ins Bett zu gehen. Noch dazu empfand sie es als bösartige Beleidigung: »Ja, dachte dieser Schuft denn, ich wäre auf seine lumpigen drei Millionen angewiesen!?«

Jedenfalls fackelte sie nicht lange und setzte den ungebetenen Gast vor die Tür. Das Gemälde kam am folgenden Tag regulär unter den Hammer – für siebeneinhalb Millionen Pfund.

In diese astronomischen Sphären drang ich mit meinen kleinen Schätzen natürlich nicht annähernd vor. Die Versteigerung der Sänfte endete sogar mit einer herben Enttäuschung. Sie erbrachte gerade einmal die Summe, die ich beim Kauf investiert hatte. Aber so ist das Geschäft eben – ein ewiges Vabanquespiel. Das muss man sich ständig neu und immer wieder klarmachen, sonst bekommt man nachts kein Auge mehr zu.

Nur gut, dass es die ausgleichenden Momente im Leben gibt, obwohl man nie weiß, wann sie einen ereilen – im Guten wie im Schlechten.

Einen dieser Momente erlebte ich kurze Zeit später. Maria mit Jesuskind auf Porzellan kam bei einer Auktion in Amsterdam zur Versteigerung. Der Startpreis lag knapp unter tausend Euro, aber erst für deutlich mehr als das Zehnfache ging das Bild weg.

Als mich diese Nachricht erreichte, dachte ich einen Augenblick, ich hätte neuerdings Probleme mit den Ohren. Doch nach dem ersten Schock ließ ich mir den Betrag genussvoll auf der Zunge zergehen wie ein Stück Sahnetorte in meinem Lieblingscafé. Spätestens zu diesem Zeitpunkt war ich mit der Welt wieder versöhnt.

Mit Bildern kann man aber auch die verrücktesten Geschichten erleben. Einige kenne ich durch einen Kollegen, der seit Jahren ein guter Freund von mir ist. Ich erinnere mich noch, wie er sich bei der Eröffnung eines neuen Antiquitätengeschäfts im Berliner Westen von einem Gemälde angezogen fühlte, mit dem sonst keiner der Gäste etwas anzufangen wusste. Darauf waren dick verhüllte Gestalten abgebildet, die das Eis eines Flusses aufhackten. Jedenfalls konnte man sich das mit ein bisschen Phantasie vorstellen. Bei expressionistischer Malerei – und um solche handelte es sich – ist ja nicht immer klar, was man wirklich sieht.

Das Ölgemälde war 1913 entstanden und ziemlich großflächig angelegt. Auf der Rückseite standen kyrillische Buchstaben, handgeschrieben, weshalb mein Bekannter vermutete, es mit dem Werk eines russischen Malers zu tun zu haben. Das Motiv und die Stimmung des Bildes sprachen dafür, aber die

Schrift konnte er nicht entziffern. Was ihn jedoch keineswegs davon abhielt, das Bild zu kaufen. Der Ladeninhaber verlangte knapp zweitausend dafür, das war noch zu D-Mark-Zeiten.

Meinem Bekannten gefiel das Bild, sonst hätte er keinen müden Pfennig dafür lockergemacht. Trotzdem wollte er es nicht für sich haben. Er nahm es nur mit, weil er ein Geschäft witterte. Das mag eigenartig klingen, wo er doch nicht einmal wusste, von wem das Bild stammte, aber das war ihm gar nicht so wichtig. Seine Logik ging anders. Er sagte sich: Wenn mir das Bild gefällt, wird es noch mehr Menschen geben, die sich davon angesprochen fühlen. Hört sich denkbar simpel an und ganz schön naiv, schien aber zu funktionieren.

Ich glaube ja, dass es in diesem Metier manchmal eher von Vorteil ist, nicht zu viel zu wissen. Dadurch kann man unbefangener an eine Sache herangehen. Ein Kunsthistoriker hätte vielleicht irgendetwas an dem Gemälde auszusetzen gehabt und erst einmal alles Mögliche darüber in Erfahrung bringen wollen, anstatt sich einfach auf seinen Geschmack zu verlassen. Der Wissenschaft würde man damit möglicherweise einen Dienst erweisen, aber davon wird unsereins nicht satt. Und es ist wohl auch eher im Sinne der Kunst, wenn man dafür sorgt, dass sie nicht in irgendwelchen Kammern verstaubt, sondern dass sich möglichst viele Menschen daran erfreuen können.

Wochen später stellte mein Kollege seine Neuerwerbung auf einer großen Antiquitätenmesse aus und pries sie als Werk eines unbekannten russischen Malers an. Beim Preis hatte er nicht lange überlegt, stattdessen einfach »10 000,– DM« auf ein Kärtchen geschrieben. Hätte man ihn gefragt, wie er auf diese Summe gekommen war, ihm wäre keine plausible Antwort eingefallen. Es war reines Bauchgefühl, gepaart mit Gewinnstreben – das konnte er nur keinem sagen. Musste er auch nicht. Gerade einmal zwei Leute interessierten sich für das Gemälde, aber nicht so brennend, dass einer von ihnen es gekauft hätte. So musste er es am Abend wieder einpacken, was ihn mächtig wurmte. Dabei war es ein echter Glücksfall für ihn. Das konnte er nur noch nicht wissen.

Einige Wochen danach gab er die russischen Eishacker einem Freund nach Hamburg mit, der sie dort einem angesehenen Auktionshaus zur Versteigerung anbot. Doch die hanseatischen Herrschaften, die standesgemäß in einer prachtvollen weißen Villa in der Nähe der Alster residierten, lehnten es ebenfalls ab. Es war ihnen nicht wertvoll genug, um in eine ihrer hochkarätigen Auktionen aufgenommen zu werden.

Andere hätten an diesem Punkt aufgegeben. Auch mein Bekannter erhoffte sich nicht mehr viel. Ich weiß noch, wie er damals ziemlich resigniert meinte: »Da habe ich offenbar Mist gekauft.« Aber das Wort »aufgeben« existierte in seinem Sprachschatz noch nie. Er versuchte es bei einem anderen Auktionshaus. Und nicht etwa eine Nummer kleiner – genau das Gegenteil, dieses war noch namhafter, noch größer, noch traditionsreicher.

Es mag Zufall gewesen sein, aber so ist das manchmal. Ausgerechnet Mitarbeiter besagten Auktionshauses waren in dieser Zeit gerade dabei, Zeichnungen, Postkarten und andere persönliche Dokumente eines russischen Malers aufzukaufen, der als Begründer des Rayonismus gilt, einer Stilrichtung der russischen Avantgarde – sehr abstrakt, sehr futuristisch. Michail Larionow hieß dieser Maler, das ist kein Geheimnis. Ich kann gar nicht sagen, ob mein Bekannter inzwischen wusste, wer sein Bild gemalt hatte, oder ob er das erst durch die Leute des Auktionshauses erfuhr. Auf jeden Fall waren sie hellauf begeistert, als er damit bei ihnen aufkreuzte.

Man könnte es Familienzusammenführung nennen. Eine gewisse Natalja Gontscharowa hatte die Eishacker auf die Leinwand gebracht, und sie war Larionows Lebensgefährtin gewesen, später auch dessen Ehefrau. Die zwei waren sich während des Studiums begegnet und von da an zusammengeblieben, mal mehr, mal weniger eng, hatten sich aber erst im Alter von über siebzig Jahren dazu durchgerungen, vor den Traualtar zu treten. Inzwischen waren beide längst tot.

Mit einem Mal war Feuer in der Sache. Das Gemälde bekam einen völlig neuen Stellenwert – und wie selbstverständlich einen Platz in der nächsten Auktion, wieder in London, neben den Exponaten von Larionow. Wie die sich versteigerten, weiß ich nicht. Für Gontscharowas Bild wurde ein Mindestgebot von zehntausend Pfund festgesetzt. Das waren damals ungefähr vierzigtausend Mark.

Mein Bekannter konnte es kaum fassen. Er buchte sofort zwei Flüge. Als er dann mit seiner Frau in der Auktion saß, kriegte er vor Aufregung feuchte Hände. Zunächst sah es so aus, als wollte sich niemand finden, der bereit gewesen wäre, wenigstens das Mindestgebot zu investieren. Ich kenne das.

Man schubbert auf seinem Stuhl hin und her, ist gespannt wie ein Flitzebogen, doch es passiert nichts. Die Zeit wird zu einem zähflüssigen Brei, Sekunden ziehen sich in die Länge, als wären es Stunden.

Dann endlich das erste Gebot. Und gleich darauf ein zweites, als wäre irgendwo auf wundersame Weise eine Bremse gelöst worden. Und noch eins. Immer einen Hunderter mehr. So ging es eine ganze Weile, nicht hektisch, aber kontinuierlich, ohne großes Zögern. Irgendwann landeten sie bei neunundfünfzigtausend Pfund, und dabei blieb es. Umgerechnet fast zweihundertvierzigtausend Mark!

Mein Kollege kam sich vor wie in einem Traum. Nie zuvor hatte jemand für ein Bild von Natalja Gontscharowa mehr Geld auf den Tisch gelegt. In dem Fall war dieser Jemand eine amerikanische Versicherung, die offenbar spekulativ in Kunst investierte.

Das Ganze wirkte wie eine Initialzündung. Von da an schossen die Preise für die Werke der Russin wie Raketen in den Himmel. Mittlerweile werden für ihre Gemälde Unsummen verlangt. Das bisher teuerste ging vor vier oder fünf Jahren bei einer Versteigerung für knapp elf Millionen Dollar weg.

Angesichts solcher Summen fragt man sich schon, ob die Leute nicht völlig durchdrehen. Aber so funktioniert der Kunstmarkt nun einmal. Er schafft sich selbst immer neue Highlights und muss das offenbar auch, damit das Geschäft nicht den Bach runtergeht. Ich bezweifle, dass so viel Geld in irgendeiner Weise gerechtfertigt ist, aber das ist ein anderes

Thema. Da landet man schnell wieder bei dem Punkt, welchen Wert die Dinge besitzen.

Diese Geschichte bestätigt auf jeden Fall meinen Eindruck, dass sich auch Auktionshäuser manchmal täuschen. Die Leute dort sind eben keine Heiligen, und sie wissen nicht alles, obwohl sie sich häufig so gebärden. Dabei liegen sie mit ihren Bewertungen mitunter so daneben, dass man es kaum glauben mag.

Dem Kollegen, der mit dem Gontscharowa-Bild ein stolzes Sümmchen verdiente, wurde später noch einmal ein Gemälde angeboten, das vorher von einem Auktionshaus abgewiesen worden war – einem der weltweit größten und bekanntesten wohlgemerkt. Ein Ölgemälde, es zeigte einen Strauß Astern, gut gemalt, aber alles andere als ein Knaller. Dass er es sich trotzdem fünftausend Mark kosten ließ, lag erstens daran, dass es von Arthur Segal stammte, einem Rumänen, der Anfang des 20. Jahrhunderts einige seiner kreativsten Schaffensphasen in Berlin verbrachte. Und zweitens an der Angewohnheit meines Bekannten, sich jedes Bild, das ihm interessant erscheint, zuerst einmal von hinten anzusehen.

Auf der Rückseite waren ihm nämlich die Konturen eines zweiten Motivs aufgefallen, das jemand mit weißer Farbe übertüncht hatte, gerade so, dass man bei flüchtiger Betrachtung nichts davon sah. Das war natürlich eine Entdeckung! Als Untergrund für sein Gemälde hatte der Künstler Malpappe gewählt. Die war nicht wirklich dick, aber dick genug, dass ein Fachmann sie mit etwas Geschick und dem richtigen

Werkzeug trennen konnte, so dass man hinterher zwei Lagen hatte, also auch zwei Gemälde. Danach musste das noch unsichtbare Motiv von der weißen Farbschicht befreit werden, was tatsächlich gelang. Darunter kam das Abbild einer Berliner Straßenszene zum Vorschein, wie sie zu der Zeit typisch war. Festgehalten hatte Segal sie offenbar nachts, das grelle Gelb des Kunstlichts dominierte.

Man kann nur Vermutungen darüber anstellen, warum er das Bild später übermalte hatte. Vielleicht war er unzufrieden gewesen mit dem Ergebnis seiner Arbeit. Ich glaube aber eher, dass er es getan hatte, um sich vor den Nazis zu schützen. Die hätten es als »entartete Kunst« abgestempelt, schon allein, weil Segal Jude war.

Dieses Motiv war natürlich spannender als das Stillleben mit Blumen. So sah das auch der Chef eines Berliner Museums, dem das freigelegte Gemälde angeboten wurde. Wie versteinert stand er davor und kam aus dem Staunen gar nicht wieder heraus. Ein echter Segal, den vorher noch niemand gesehen hatte! Die Preisverhandlung war im Nu erledigt, und hinterher sagte mein Bekannter zu mir: »Ich fühle mich, als hätte ich im Lotto einen Sechser getippt.«

Ein Sechser mit Zusatzzahl wäre es geworden, hätte er das Bild behalten. Heute würde er das Doppelte oder Dreifache oder gar Fünffache dafür bekommen. Und Gontscharowas Eishacker hätten ihn wahrscheinlich sogar zum Millionär gemacht. Aber erstens kann man das nicht vorher wissen, und zweitens gibt es auch genügend Beispiele für gegenläufige Preisentwicklungen.

Zum Millionär hat er es aber auch so gebracht. Dank einem Geschäftsmodell, das sich in vier Worte fassen lässt: Mit Mut zu Wohlstand. Oder sollte ich besser sagen, er hat das Glück herausgefordert und dabei mehr als einmal aufs richtige Pferd gesetzt? Das trifft es genauso.

Nicht selten ging es dabei um Bilder. Einmal – und das verdeutlicht gut seinen unerschütterlichen Optimismus – kaufte er den Nachlass eines Berliner Malers, an den keiner richtig ranwollte. Doch ihm gefielen die Bilder, und das löste den ersten Impuls aus, wie bei den zuvor beschriebenen Fällen. Vierzigtausend investierte er für den Ankauf, was durchaus gewagt war. Der Maler dürfte Kunstexperten ein Begriff gewesen sein, zumindest in Berlin, aber ihn berühmt zu nennen wäre etwas verwegen. Deshalb meine ich: Mit Mut zu Wohlstand. Das Vorhaben hätte auch leicht nach hinten losgehen können.

Doch anstatt sich mit irgendwelchen Zweifeln zu belasten, ließ er die Bilder erst einmal ordentlich rahmen, um sie anschließend in einer Galerie zu präsentieren. Zur Vernissage lud er so ziemlich jeden ein, dem er irgendwo mal die Hand gedrückt hatte. Da sich darunter ausreichend wohlhabende Kunstliebhaber befanden, ging ein Großteil der Bilder bereits an diesem ersten Abend weg. Und nachdem er in den darauffolgenden drei oder vier Wochen fast allen Ausstellungsstücken zu neuen Besitzern verholfen hatte, war er um eine beträchtliche Summe reicher. Da habe selbst ich gestaunt, obwohl ich sein unternehmerisches Talent nun schon so lange kenne.

# Fremde Welten

Meistens sind es Kleinigkeiten, die einen innerhalb von Bruchteilen von Sekunden in eine längst vergangene Zeit versetzen. Natürlich nur gedanklich, aber deswegen ist es trotzdem eine angenehme Abwechslung. Das Gute an meinem Job ist, dass so etwas relativ häufig geschieht. Und zwar fast immer dann, wenn ich überhaupt nicht damit rechne – was den Überraschungseffekt noch verstärkt.

Die Wohnung lag in Schöneberg, im zweiten Stock eines alten Mietshauses, das von außen nicht viel hermachte und von innen auch nicht viel mehr. Die Straße davor war eine vierspurige Hauptverkehrsader, die Richtung Westen zu einer nahen Autobahnauffahrt führte. Auftraggeberin war eine Frau Mitte dreißig, verheiratet, zwei Kinder, nicht unsympathisch. In der Wohnung hatten ihre Eltern gelebt, zuletzt nur noch die Mutter. Der Vater war fünf oder sechs Jahre zuvor gestorben. Wir hatten alles besprochen und uns auf einen Preis geeinigt, ich sollte so schnell wie möglich loslegen.

So schnell wie möglich, das war der folgende Montag. Ich war recht früh dran, noch vor sieben Uhr, aber offenbar trotzdem zu spät. Vor dem Haus parkte bereits ein großer Lastwagen mit geöffnetem Ladeschlund. Schlagartig stieg schlechte Laune in mir auf. Bevor ich anfing, vor Wut zu schnauben, vergewisserte ich mich sicherheitshalber, ob ich wirklich das richtige Gebäude erwischt hatte. In dieser Gegend sah eins wie das andere aus, und vielleicht war ich noch nicht hundertprozentig wach.

Doch die Hausnummer stimmte. Seit dem letzten Gespräch mit der jungen Frau waren kaum zwei Tage vergangen, und sie hatte mit keinem Wort erwähnt, den Auftrag jemand anderem geben zu wollen. Ich konnte doch unmöglich alles nur geträumt haben!

Die Lösung war denkbar einfach: In dem Haus war kürzlich noch jemand gestorben, ein Mann um die siebzig. Der hatte im Erdgeschoss gewohnt, genau unter der Wohnung, um die ich mich kümmern sollte. Als hätten sich die beiden alten Leute heimlich im Jenseits verabredet.

Die Wohnung der verstorbenen Frau war – vor allem – voll. Im Schlafzimmer etwa standen außer dem Ehebett, zwei Nachtschränken und einem Kleiderschrank aus Kiefernholz noch eine Gründerzeitkommode mit drei breiten Schubfächern und ein Vertiko aus der gleichen Epoche, die allerdings übereinander, da für beides sonst kein Platz gewesen wäre. Im Stapeln schien die Frau sehr geschickt gewesen zu sein. Oder ihr Mann, man weiß ja nicht, wie lange das schon so stand. Auf dem Vertiko türmten sich genau vier braune Reisekoffer, Fünfziger-Jahre-Modelle aus Pappe, verstärkt mit Holzleisten. Vermutlich wären es noch mehr gewesen, hätte die Zimmerdecke nicht gestört.

Auch in den anderen Räumen war die Stellfläche effektiv genutzt worden. Vier gab es insgesamt, dazu eine große Diele, Küche und Bad. Alle Möbel zusammengenommen hätten ausgereicht, um ein komplettes Haus einzurichten, und zwar ein sehr geräumiges. Möglicherweise hatte die Familie früher tatsächlich in einem solchen gewohnt.

Aber die Möbel standen nicht einfach nur so da. Sie erfüllten auch eine Funktion, die über das rein Dekorative hinausging. Jedes einzelne Fach und jede Schublade war bis zum Rand gefüllt. Nicht einmal ein dünnes Blatt Papier hätte irgendwo noch reingepasst. Eine typische Flüchtlingswohnung.

Wenn ich an anderer Stelle meinte, die Kriegsgeneration hebe alles auf, so ist das bei denen, die während des Krieges flüchten mussten, noch stärker ausgeprägt. Manche werfen nicht einmal ausgelatschte Schuhe oder krumme Nägel weg, weil man damit eventuell noch etwas anfangen könnte.

Wobei ich nicht weiß, ob es reines Vernunftdenken ist oder die Angst davor, es könnten wieder Zeiten kommen, wo sie nichts mehr haben außer dem, was sie am Leib tragen – wie damals. Vielleicht von beidem etwas.

Wie lange Angst überlebt, sah ich dann in dem Kellerraum, der zur Wohnung der Frau gehörte. Dort standen zwei Feldbetten aus Stahlwinkeleisen und mit Stahlfedern, auf denen jeweils eine dünne Matratze lag. Man hätte die Bettgestelle zusammenklappen und an die Wand lehnen können, das hätte eine Menge Platz gespart. Doch anscheinend war den Eheleuten wohler bei dem Gedanken gewesen, sie dort einsatzbereit stehen zu haben.

Auf einer der Matratzen lehnten zwei graue Rucksäcke mit Tragegestellen aneinander wie Zwillinge. Beide waren vollgepackt mit Winterkleidung und ein paar Konservendosen, deren Verfallsdatum allerdings längst überschritten war. Mit einem solchen Rucksack kehrte mein Vater aus der Kriegsgefangenschaft in Frankreich zurück, nur dass seiner braun gewesen war.

Einige Möbel aus der Wohnung lohnten, aufgehoben zu werden, ebenso ein Silberbesteck, ein paar kleine Silberschälchen und verschiedene Porzellanteile – Vasen, Geschirr, das Übliche. Nichts Spektakuläres, die Räumung plätscherte so vor sich hin.

Bis ich auf einen kleinen Sekretär stieß, entstanden irgendwann zwischen 1840 und 1870, Louis-Philippe-Stil. Möbel dieser Art waren zur damaligen Zeit in bürgerlichen Haushalten in ganz Europa sehr verbreitet.

Bevor der Sekretär verladen werden konnte, musste ich seine Schubfächer ausräumen. Wie üblich fing ich mit den oberen an. Deren Inhalt wird nicht aufregend gewesen sein, sonst könnte ich mich daran erinnern. Erst ganz zum Schluss, bei der untersten Schublade, wurde es spannend.

Ich war mit dem Kopf schon beim nächsten Möbelstück, als ich in der Tiefe der Schublade ein kleines beigefarbenes Etui zu fassen bekam. Ich zog es heraus, sah es mir kurz von allen Seiten an, dann klappte ich es auf – und staunte nicht schlecht: Ein Orden, vergoldet und weiß emailliert, der mich an eine stilisierte Schneeflocke erinnerte. Er stammte aus der Nazizeit.

Wie sich herausstellte, hielt ich ein Olympia-Ehrenzeichen

in der Hand, das auf Befehl von Adolf Hitler für besondere Leistungen im Zusammenhang mit den Olympischen Spielen 1936 verliehen wurde. Den Orden, den übrigens ein Bildhauer entworfen hatte, der mit einer Jüdin verheiratet war und später emigrierte, ließ Hitler in den Kategorien erster und zweiter Klasse verteilen.

Dem Mann der verstorbenen Frau hatten sie einen zweiter Klasse gegeben – »für besondere Verdienste in der ausführenden organisatorischen Tätigkeit«. So war es auf der Verleihungsurkunde zu lesen, die unter dem Etui im selben Schubfach lag und mit einem Faksimile der Unterschrift vom »Führer und Reichskanzler« – das stand direkt darüber – versehen war.

Von der Tochter erfuhr ich, dass ihr Vater bei der Reichspost gearbeitet hatte und als Ingenieur an den Rundfunk- und Fernsehübertragungen der Olympischen Spiele beteiligt gewesen war. Welche Aufgabe er dabei genau erfüllte, konnte sie mir nicht sagen, vielleicht wollte sie es auch nicht. Er dürfte eine leitende Funktion gehabt haben, sonst hätte man ihm kaum diesen Orden verliehen.

Dass die Nazis damals vor allem Propagandazwecke mit ihrer Rundfunk- und Fernsehoffensive verfolgten, ist eine Seite der Geschichte. Eine andere, dass es dennoch eine technische Pionierleistung war, was die Leute damals auf die Beine stellten. Zum ersten Mal wurden Olympische Spiele direkt im Rundfunk übertragen, weltweit sogar, auf allen Kontinenten, mit Ausnahme von Australien. Und es gab die allerersten Liveberichte in der Geschichte des Fernsehens. Die jedoch nur in Deutschland, wo sie nicht allzu viele Menschen sehen konnten. Am ehesten noch in einer der öffentlichen Fernsehstuben, die die Nazis von der Reichspost hatten einrichten lassen, die meisten davon in Berlin. Privat besaß kaum jemand einen Fernseher. Die wenigen Apparate, die bis dahin hergestellt worden waren, kosteten Unsummen und hatten winzige Mattscheiben, auf denen man die übertragenen Bilder mehr erahnen als wirklich sehen konnte.

Aus heutiger Perspektive, im Zeitalter der Überkommunikation, kann man sich das kaum mehr vorstellen. Doch der Mann hatte diese Zeit erlebt. Er war dabei und mischte mit, als etwas völlig Neues entstand, das es vorher nirgendwo auf der Welt gegeben hatte. Ich weiß natürlich nicht, wie er das damals empfand, aber ich könnte mir denken, dass es ungeheuer spannend und aufregend gewesen sein muss.

Den Orden verkaufte ich später. Selten habe ich ein Geschäft so schnell und unkompliziert abgewickelt wie dieses. Der Mann, der ihn haben wollte, meinte, er sei Sammler und suche schon ewig danach. Er kam extra zu uns in den Laden und versuchte nicht einmal, mit mir über den Preis zu verhandeln, was die meisten tun. Er legte sogar noch ein paar Euro drauf, so dass es eine runde Summe wurde. Dann nahm er den Orden und lächelte zum Abschied selig, wie jemand, der im Lotto gewonnen hat.

Und ich war auch nicht unglücklich. Der Fund hatte sich gelohnt.

Es vergingen nur wenige Wochen, dann wollte es der Zufall, dass ich noch einmal mit dem Thema »Entwicklung deutscher Fernsehtechnik« in Berührung kam. Allerdings nicht bei einer Räumung, die war vorher schon abgewickelt worden, leider ohne mich. In der Wohnung muss es eine Reihe rarer Antiquitäten gegeben haben, von einer Qualität und in einem Zustand, wie man sie nur noch selten dargeboten bekommt. Aber was soll ich jammern, Sportler müssen auch Niederlagen wegstecken.

Wahrscheinlich hätte ich davon gar nichts erfahren, wäre mir zu dieser Zeit nicht ein befreundeter Tischler über den Weg gelaufen, der vor lauter Begeisterung für die schönen Möbel regelrecht ins Schwärmen geriet. Er hatte für die Frau, die kürzlich verstorben war, gearbeitet – und vorher für ihren Mann, der schon länger tot war.

Der Tischler war es dann auch, der mich mit den Hinterbliebenen der Frau in Kontakt brachte, genauer gesagt mit deren Schwiegertochter. Es ist schon so: Man braucht nur ein paar Bekannte, dann lernt man die halbe Stadt kennen, in meinem Job sowieso. Alles nur eine Frage der Zeit … Hört sich das etwa zynisch an? So meine ich das gar nicht. Gute Freunde sind ein Segen.

Die Wohnung war riesengroß und tatsächlich leer. So hatte ich mir das auch erhofft, denn nichts schlägt jemandem in meinem Beruf schwerer aufs Gemüt, als eine prall gefüllte Schatzkiste vorgeführt zu bekommen, deren Inhalt man dann doch nicht haben darf. Aber das sagte ich, glaube ich, schon.

Einzig die Bücherwand im Arbeitszimmer präsentierte sich

noch wohl gefüllt, aber ihr Inhalt war viel Masse und wenig Klasse. Der Abtransport sollte im Schnellverfahren abgewickelt werden, so hatte ich es mit der Schwiegertochter ausgemacht. Das hieß, ich konnte die Bücher nicht an Ort und Stelle anschauen und sortieren, das musste ich zu Hause nachholen.

Ich entdeckte ein paar Fachbücher, die interessant zu sein schienen. Nicht für mich, sondern interessant im Sinne von verkäuflich. Es gibt da eine Faustregel: Je spezieller das Fachgebiet, von dem ein Buch handelt, desto größer die Wahrscheinlichkeit, dass man jemanden findet, der bereit ist, Geld dafür auszugeben. Das widerspricht der herkömmlichen Logik, und mathematisch lässt sich die Aussage wahrscheinlich auch nicht belegen. Nach meiner Erfahrung stimmt sie aber trotzdem. Es muss ja nicht immer alles logisch sein.

Der Ehegatte der verstorbenen Frau hatte früher in einer Firma gearbeitet, die bei der Entwicklung von Rundfunk- und Fernsehtechnik eine Zeitlang Vorreiter war. Ich habe keine Vorstellung, ob es in den dreißiger Jahren den Beruf des Hochfrequenztechnikers gab. Aber so etwas in der Art müsste er damals gewesen sein, und zwar in einer relativ gehobenen Position.

Nur so war zu erklären, dass sein Name in einem kleinen Büchlein auftauchte, das ich zwischen den Stapeln entdeckte, die ich aus der Wohnung abtransportiert hatte. Es war ein unscheinbares Bändchen, kaum dicker als einen Zentimeter, schwarzer Pappumschlag, ohne Aufdruck auf der Titelseite.

Von außen hätte man es für ein besseres Notizbuch halten können.

In Wirklichkeit aber war es ein Vertrag, beziehungsweise der Entwurf zu einem Vertrag, wenn ich das richtig verstand. Aufgesetzt im Frühjahr 1937. Als Vertragspartner waren jene Firma, in der der Mann etwas zu sagen hatte, und ein niederländisches Unternehmen aufgeführt, das auf demselben Gebiet seine Geschäfte machte. Der Text las sich wie ein Eroberungsplan, und das war er gewissermaßen auch. Die beiden Firmen teilten darin die Welt unter sich auf. Welche darf ihre Fernseh- und Übertragungstechnik wo vertreiben und einsetzen? Bis auf die Polarregionen, über die sollte später verhandelt werden, war so ziemlich jedes Land aufgelistet und einem der Unternehmen zugeordnet.

Einen Passus hatten sie Manfred von Ardenne gewidmet, der mit der Weiterentwicklung der Braun'schen Röhre maßgeblich dazu beitrug, dass brauchbare Fernsehgeräte entstanden. Die genauen Details kriege ich nicht mehr zusammen, aber irgendwie sollte er am Gewinn des ganzen Unterfangens beteiligt werden.

Als Vertragslaufzeit waren acht Jahre geplant, bis 1945. Als hätten sie geahnt, dass die Welt danach sowieso neu sortiert werden würde. Ob die beiden Firmen tatsächlich darangingen, ihren Plan umzusetzen, oder ob es beim Vorhaben blieb, habe ich nicht herausgefunden. Doch selbst wenn, spätestens mit Ausbruch des Zweiten Weltkriegs wird sich das erledigt haben.

Noch weiter zurück in der Vergangenheit landete ich bei der Räumung eines Hauses in Grunewald. Vielleicht sollte ich besser von Villa sprechen, das ist wohl die treffendere Beschreibung für dreihundertachtzig Quadratmeter Wohnfläche, die sich auf zwei Stockwerke verteilten. Ich könnte mir vorstellen, dass sich die Frau, die dort gelebt hatte, in dieser Weitläufigkeit etwas verloren vorgekommen war. Zumal sie die neunzig deutlich überschritten hatte und in schlechter körperlicher Verfassung war. Ein privater Pflegedienst hatte sich jahrelang um die zunehmend gebrechlichere alte Dame gekümmert. Zuletzt hatte sie ihr Bett nicht mehr verlassen können, weshalb beinahe ständig jemand bei ihr in der Villa gewesen war, auch nachts, um sie zu versorgen und, vor allem, um da zu sein, falls ein Notfall eintrat.

Die Frau hatte zwar zwei Kinder, doch die waren beide selbst schon im Rentenalter – und weit weg. Der Sohn lebte mit seiner Familie in einem bayerischen Dorf, die Tochter hatte sich in Südfrankreich niedergelassen, in einem kleinen Ort bei Marseille. Während der Sohn seine Mutter offenbar relativ regelmäßig besucht hatte, soll der Kontakt zur Tochter bereits vor Jahren abgebrochen sein. Über die Gründe, die dazu geführt hatten, weiß ich nichts.

In der Villa standen Möbel in den unterschiedlichsten Stilrichtungen. Das Personalzimmer auf dem Dachboden war zum Beispiel komplett mit Jugendstilmöbeln eingerichtet. Dagegen dominierte im Wohnzimmer wuchtiges Eichenmobiliar – ein riesiger Tisch mit zwölf Stühlen, ein Büfettschrank, Standuhr, Schreibtisch, Couchgarnitur. Passend dazu die Bilder an den Wänden: Landschafts- und Tiergemälde, keine große Kunst, aber üppig golden gerahmt, als wäre es welche.

Die Küche war komischerweise im Keller untergebracht. Vielleicht wollten die Herrschaften nicht, dass ihnen ständig Personal über den Weg lief – als es in dem Haushalt noch welches gab. Diese Zeiten schienen allerdings schon länger her zu sein. Zuletzt hatte höchstens noch der Pflegedienst die Küche betreten. Dafür sprach eine gewisse Unordnung, die der im Wohnzimmer glich. Wie unten im Keller stand auch dort noch schmutziges Geschirr auf einem kleinen Tisch neben dem Sofa. Die alte Frau wird es kaum gewesen sein, die dort gegessen hatte.

Ihr Sohn ließ kein gutes Haar an den Pflegern, als er mir die Villa zeigte. Dabei hätte er ihnen die Schlampigkeit noch am ehesten verziehen. »Junge Leute eben«, meinte er und zuckte mit den Schultern. Viel schlimmer aber sei, dass sie sich an den Schmuckschatullen seiner Mutter vergriffen hätten. Und mehrere Silberbestecke, die sie im Esszimmer in einem rollbaren Silberschrank aus Eiche aufbewahrt hatte, seien ebenfalls komplett verschwunden. In allen acht Fächern des Schranks, die mit dunkelgrünem Filz ausgeschlagen waren, herrschte gähnende Leere.

Solche Geschichten höre ich immer wieder von Angehörigen alter Menschen, die zu Hause von Fremden gepflegt wurden und dort gestorben sind. Ob das jedes Mal so stimmt oder ob sich derjenige nur nicht erinnert, es vielleicht auch gar nicht weiß, dass die fehlenden Sachen von der Mutter oder vom Vater vorher längst verschenkt oder verkauft wurden,

kann ich nicht sagen. Es soll vorkommen, dass Pflegebedürftige in ihre Schatztruhe greifen und den Betreuern Geschenke
machen – aus lauter Dankbarkeit und weil diese sich vielleicht
mehr um sie kümmern als die eigenen Familienangehörigen.
Aber den anderen Fall gibt es natürlich auch, davon kann man
häufig genug in der Zeitung lesen.

Vom Wohnzimmer gelangte man durch eine zweiflügelige
Schiebetür in ein weiteres Zimmer. Einen stärkeren Kontrast
konnte man sich kaum vorstellen! Dieser Raum war komplett
mit chinesischen Lackmöbeln eingerichtet, alle antik und vom
Feinsten. Ich wusste gar nicht, wo ich zuerst hingucken sollte.

Das Prunkstück war ein chinesischer Kabinettschrank mit
vielen kleinen Schubfächern und reichlich Intarsien aus Elfenbein. Auf einer Kommode standen mehrere Schiffsmodelle,
geschützt durch einen Glaskasten. Eine chinesische Dschunke,
daneben ein Dampfer und noch ein zweites Segelschiff – alle
drei richtige Kunstwerke, echte Handarbeit.

In einer anderen Ecke hing eine alte Schiffsglocke an einem
Holzgestell. Die stammte angeblich von einem Kanonenboot,
das während des Zweiten Japanisch-Chinesischen Krieges versenkt wurde.

In dem Zimmer schien seit Jahren nichts verändert worden zu sein. Ich fragte mich, wann jemand es zuletzt betreten haben mochte, mit Ausnahme vielleicht einer Putzfrau.
Auf mich wirkte es wie ein Andachtsraum, wie eine Kapelle.
Es fehlte nur der Altar, vor dem man niederknien und beten
konnte. Aber vielleicht hatte die Verstorbene das Zimmer in
seiner Gesamtheit als Altar betrachtet.

Die Möbel, die Glocke und die Modellschiffe hatten ihrem Vater gehört. In den Schränken befanden sich noch weitere Erinnerungsstücke von ihm, darunter einige Fotoalben mit Bildern aus China und Japan, die offenbar um 1900 entstanden waren. Verschiedene Hafenansichten und einige Landschaftsfotos, keine Schnappschüsse, sondern künstlerische Aufnahmen, alle in Querformat und so groß, dass jeweils nur eins auf eine Seite passte.

Der Sohn der Verstorbenen schien sehr stolz auf seinen Großvater zu sein. Anfangs hielt er sich noch zurück, doch nachdem wir uns darauf verständigt hatten, dass ich die Räumung der Villa übernehme, erzählte er mir dessen halbe Lebensgeschichte.

Demnach war sein Vorfahre, der zu Kaisers Zeiten lebte, kaiserlicher Schiffsarchitekt gewesen. Während des Boxeraufstands in China und später im Ersten Weltkrieg soll er eine längere Zeit dort verbracht haben, und auch im japanischen Nagasaki, wo die Schiffe der deutschen Flotte gewartet wurden. Er sei ein bedeutender Mann im Schiffbau gewesen, meinte der Enkel, habe da richtig etwas zu sagen gehabt.

Ich kenne mich auf diesem Gebiet nicht so gut aus, doch irgendwo glaube ich gelesen zu haben, dass die kaiserlichen Werften in Kiel, Danzig und Wilhelmshaven streng militärisch geführt wurden und die leitenden Köpfe dementsprechend Militärdienstgrade trugen. Davon erzählte er jedoch nichts.

Stattdessen berichtete er, dass sein Großvater maßgeblich an der Konstruktion der sogenannten Westentaschenschlachtschiffe beteiligt gewesen sei. Deutschland durfte nach dem Versailler Vertrag von 1919 seine Kriegsschiffe nur noch bis zu einer bestimmten Größe bauen. Der Großvater habe damals mit ausgetüftelt, dass man das Gewicht verringern kann, indem man die Metallplatten des Schiffsrumpfs nicht wie bis dahin üblich überlappte und mittels schwerer Nieten verbindet, sondern Kante an Kante zusammenschweißt. So wurde es dann auch gemacht. Außerdem seien bei den neuen Kriegsschiffen erstmals Dieselmotoren als Antrieb eingesetzt worden, wodurch sie schneller waren und weitere Strecken zurücklegen konnten.

Schade nur, dass es aus dieser Zeit keine Baupläne von Schiffen oder andere Papiere mehr gab, nicht einmal irgendwelche Auszeichnungen. Die hätten mich brennend interessiert. Der Mann meinte, seine Großeltern hätten kurz vor Kriegsende, als abzusehen war, dass die Russen in Berlin einmarschieren würden, alles vernichtet, von dem sie annahmen, es könnte ihnen gefährlich werden.

Wie zum Beweis zeigte er mir auf dem Dachboden ein altes Gemälde, dessen Leinwand in der Mitte aufgeschlitzt war. »Das hing damals im Wohnzimmer«, sagte er und starrte es gedankenverloren an. Und nach einem Moment des Schweigens: »ein Russenbajonett« – als wäre damit alles erklärt. Sie waren also hier im Haus gewesen, und er, dachte ich, hatte es miterlebt, als kleines Kind.

Die drei Schiffsmodelle kamen in ein Museum, die chinesischen Lackmöbel und die Glocke übergab ich einem Auktionshaus. Ihre Versteigerung lief bestens. Für die Fotoalben fand sich auch ein Interessent. Und die Villa wurde an jemanden verkauft, der bei einem Fernsehsender arbeitete, es war aber kein Prominenter.

Man merkt wahrscheinlich, dass ich für solche geschichtsträchtigen Aufträge ein Faible habe. Die machen mir einfach am meisten Spaß. Selbst wenn es sonst nicht viel zu holen gibt und finanziell kaum mehr herausspringt als eine Aufwandsentschädigung. Wenn ich es mir aussuchen könnte, wäre der ideale Auftrag sicher einer, bei dem Geschichte und Gewinn zusammentreffen. Doch auf Dauer wäre das wahrscheinlich so, als würde man jeden Tag Hummer mit Kaviar futtern. Das hätte man auch irgendwann über. Die viel größere Kunst besteht doch darin, das Leben auch dann zu umarmen, wenn einem der Alltag Graubrot mit Aufschnitt serviert. Und was mich betrifft: Dieser Blick in die Vergangenheit, der sich bei manchen Räumungen auftut, würzt meinen Alltag ganz ungemein.

Es gibt Wohngegenden, wo man schon ahnen kann, was man bei einem Auftrag eventuell an historisch Interessantem finden könnte. Lichterfelde ist so ein Beispiel. (Für Nichtberliner: Der Ortsteil liegt im westlichen Süden der Stadt, direkt neben Zehlendorf, und grenzt an das Bundesland Brandenburg.) Dort befand sich früher, auf einem riesigen Gelände, die Königlich Preußische Hauptkadettenanstalt, damals die wichtigste und größte Kaderschmiede des deutschen Militärs. Zu der Zeit gelangte kaum ein Offizier zu Rang und Namen, der nicht da ausgebildet worden wäre.

Und da das Militär im Kaiserreich hohes Ansehen genoss und Offiziere fast ausschließlich aus adeligen Familien rekrutiert wurden, ließen sich in der Nachbarschaft der Kaserne hauptsächlich solche nieder. Dass diese zu leben verstanden und sich das auch leisten konnten, davon zeugen viele prächtige Villen, die noch heute das Bild des Viertels prägen.

Geschichtlich bedeutsam ist die Ecke aber ebenso, weil dort die erste elektrische Straßenbahn der Welt verkehrte, Otto Lilienthal unzählige Flugversuche mit einem selbstgebastelten Fluggerät, einer Art Gleitschirm, unternahm und Manfred von Ardenne in seinem Forschungslabor die ersten elektronisch aufgenommenen Fernsehbilder vorführte.

Ungefähr diese Assoziationskette läuft bei mir ab, wenn ein Auftrag aus Lichterfelde reinkommt. Da muss ich das Haus, um das es sich dreht, noch gar nicht gesehen haben. Manchmal ist es auch nur eine Wohnung, wie im letzten Winter.

Sie gehörte einer Frau, die im Alter von zweiundachtzig Jahren gestorben war und die tatsächlich einer der Offiziersfamilien entstammte, die es Ende des 19. Jahrhunderts in die Gegend gezogen hatte. Ob adelig oder nicht, war nicht herauszukriegen. Nach Reichtum sah es in der Wohnung jedenfalls nicht aus: Ich fand ein altes Roulettespiel aus Holz und verschiedene Küchenantiquitäten – Waage, Kaffeemühle, Schöpfkelle mit einem Griff aus Netzemaille –, alles ganz hübsch, aber kein Hauptgewinn. Nichts, was mein Herz schneller schlagen ließ.

Aber dann stieß ich in einer kleinen Kammer, die vom

Flur abging, auf zwei Kartons mit altem Christbaumschmuck, meiner Schätzung nach aus den zwanziger Jahren. Durchweg schöne Stücke, sehr nostalgisch. Vielleicht nicht das schönste, aber das originellste von allen befand sich im unteren, dem zweiten Karton: ein Miniaturzeppelin, etwa fünfzehn Zentimeter lang, aus Glas, mundgeblasen und handbemalt. Der Ballonkörper silberfarben, die zwei Personenkörbe darunter rot. Und alles in Längsrichtung mehrmals umwickelt mit einem feinen, gekräuselten Draht. So etwas findet man nicht alle Tage. Sammler bieten inzwischen hundert Euro und mehr für einen solchen Zeppelin, aber es muss ein Original sein.

Und die Kammer hielt noch eine Überraschung bereit. Hinter zwei vollgepackten, übereinandergestellten Wäschekörben und unter einem Stapel alter Zeitungen versteckte sich eine alte Holzkiste. An sich nichts Besonderes, wenn ihr Inhalt nicht so interessant gewesen wäre.

In der Kiste lagen jede Menge Urkunden zu militärischen Auszeichnungen, aus der Zeit des Kaiserreichs und auch von später. Die dazugehörigen Orden und Medaillen fehlten leider. Aber dafür fand sich unter den Papieren eine Einladung zum Opernball 1937, einschließlich der Menükarte für den Abend. Die Einladung galt einem gewissen Oberstleutnant F... und dessen »hochverehrter Gattin«, unterzeichnet hatte sie Hermann Göring.

Ziemlich weit unten, fast auf dem Boden der Kiste, kam eine rote Mappe zum Vorschein, die anlässlich einer Hochzeit angefertigt worden war. Auf der vorderen Umschlagseite war in Goldschrift zu lesen:

## E. L. G.

### 26. Mai 1891

Die ersten beiden Buchstaben standen für Esther und Leonard, die Vornamen von Braut und Bräutigam, der letzte für Goldmann, den Familiennamen des Mannes. Eine jüdische Hochzeit. Die Trauungszeremonie hatte in der Neuen Synagoge an der Oranienburger Straße stattgefunden. Gefeiert wurde anschließend in Lauters Restaurant und Hotel in der Jägerstraße am Gendarmenmarkt. Das war damals eine piekfeine Adresse. Entsprechend das Menü, das für diesen besonderen Anlass zusammengestellt worden war:

*Potage a la Jardinière*

*Lachs mit Sauce-Remoulade*

*Kalbsrücken aux Champignons*

*Pökelzunge*

*Gemüse mit Beilage*

*Compôte – Salat, Eis, Kaffee*

Zur Hochzeit geladen hatten die Geschwister der Braut, zwei Brüder, die gleich um die Ecke wohnten, in der Friedrichstraße. Offenbar lebten ihre Eltern nicht mehr. An die Privatadresse und ins Restaurant waren zahlreiche Glückwunschtelegramme geschickt worden, die sorgfältig in der Mappe aufbewahrt worden waren. Jedes trug am Kopf der Seite den Schriftzug: »Telegraphie des Deutschen Reiches«. Aus fast allen größeren Städten, die damals zu Deutschland gehörten, waren welche eingetroffen, von Danzig bis München.

Was wohl aus dem Paar geworden ist? Das Alter der beiden war nirgendwo angegeben. Aber angenommen, sie waren damals Mitte bis Ende zwanzig, der Mann vielleicht sogar noch etwas älter, dann werden sie den Wahnsinn, der zweiundvierzig Jahre später losbrach, vermutlich noch erlebt haben. Man möchte sich das Schlimmste nicht vorstellen.

Ob der Inhalt der Kiste aus der Familie der verstorbenen Frau stammte, habe ich nicht erfahren. Sie trug einen anderen Namen, ihre Tochter ebenfalls. Vielleicht stand die Kiste schon ewig in der Kammer und war immer übersehen worden. Oder die Frau hatte nichts weggeworfen, weil sie dachte, irgendwelche Nachfahren des Ehepaars könnten eines Tages auftauchen und danach suchen.

Auch wenn ich in bestimmten Gegenden vorher weiß oder zu wissen glaube, was mich erwartet, so passiert es umgekehrt häufig genug, dass ich etwas an einem Ort finde, womit ich dort überhaupt nicht gerechnet hätte. Die berühmte Ausnahme von der Regel.

Da war zum Beispiel einmal eine völlig verdreckte Wohnung in Potsdam – eine typische Entrümpelung, alles kam auf den Müll. *Fast* alles. Denn in der Schrankwand fiel mir etwas auf. Zwischen zwei hässlichen Keramikfröschen aus einem Billig-Geschenkeladen stand eine kleine Porzellanfigur, die einen Bär darstellte, der mit einem Ball spielte. Gerade einmal siebeneinhalb Zentimeter hoch und genauso breit – und ziemlich kitschig. Ich hatte meine Brille vergessen, deswegen hätte ich die Figur beinahe zusammen mit den Fröschen weggeworfen. Ich war sozusagen schon dabei. Doch glücklicherweise machte es im letzten Moment noch Klick. Theodor Kärner, dachte ich, der Bär könnte eine Arbeit von ihm sein. Und das stimmte auch, wie ich später zu Hause feststellte.

Dieser Kärner war ein ziemlich bekannter Tierbildhauer, der seine Ausbildung in der Porzellanmanufaktur Hutschenreuther gemacht hatte und später für Nymphenburg und Rosenthal arbeitete. Und noch später für die Porzellanmanufaktur Allach. Das Besondere an dieser Manufaktur war, dass sie von der SS betrieben wurde und auch nur so lange existierte, wie die Nazis an der Macht waren. Kärner stieg in dem Unternehmen zum künstlerischen Leiter auf und wurde gleichzeitig zum SS-Hauptsturmführer ernannt, ehrenhalber. Die meisten Sachen, die dort hergestellt wurden, gelangten nicht in den freien Verkauf, sondern wurden von führenden Nazis an verdienstvolle Parteigenossen verschenkt, an kinderreiche Familien oder wen sie sonst noch für ehrungswürdig hielten.

Der kleine Bär stammte auch aus der Allacher SS-Manufaktur. Das Porzellan von dort ist bei Sammlern sehr gefragt, vor allem bei Amerikanern. Sie bezahlen Spitzenpreise dafür. Man kann sagen, Allacher Porzellan ist momentan das teuerste auf dem Antiquitätenmarkt. Auch, weil in den paar Jahren vergleichsweise wenig produziert wurde und von den Sachen nur noch eine überschaubare Zahl im Umlauf ist.

Oder nehmen wir noch einen anderen Fall, letzten Sommer in Mariendorf: Ich bekam den Auftrag, eine kleine Wohnung in einem kirchlichen Pflegeheim aufzulösen. Zwei Zimmer, Küche, Bad und ein Balkon mit Blick in den Garten. Das Heim existierte noch nicht lange. Ein ziemlich edler Neubau, moderne Architektur. Die Wohnung hatte schönes Parkett, im Bad geschmackvolle Fliesen, und die Küche war beinahe luxuriös ausgestattet. Dort zu leben dürfte eine ordentliche Stange Geld gekostet haben.

Aber der Bewohner, ein neunundachtzigjähriger Mann, war ja gerade gestorben. Dessen Sohn hatte mich angeheuert. Er war etwas wortkarg, offenbar nicht nur mir gegenüber. Eine Heimangestellte erzählte später, sie habe von ihm nie mehr als »Guten Tag« und »Auf Wiedersehen« gehört.

Der Ortsteil Mariendorf liegt im alten Westberlin. Das muss man wissen, um zu verstehen, warum ich überrascht war, als ich hörte, wer der Tote war – nämlich einer aus der Führungsriege der ehemaligen DDR. Der Mann saß ganz weit oben, seit den siebziger Jahren und bis zur Wende. Er verkehrte mit Erich Honecker und war anscheinend auch mit Erich Mielke, dem Stasi-Chef, ziemlich dicke gewesen. Es existieren wohl Akten, in denen er als »GI« geführt wurde – Geheimer Informant.

Mit der Stasi habe ich ja auch so meine Erfahrungen machen müssen, nur von der anderen Seite aus. Das war die Geschichte mit Schalck-Golodkowski und seinen Leuten, die mich in den Knast brachten. Die wurden alle von der Stasi gelenkt, wenn sie nicht sogar direkt von dem Verein kamen.

Nachdem ich damals wieder draußen war, hatten sie mich ständig im Visier. Vor allem, weil ich nicht aufhörte, übers

Land zu fahren, um in Dörfern nach Antiquitäten Ausschau zu halten. Ich klebte abends immer den Tacho in meinem Auto ab, damit sie nicht sehen konnten, wie weit ich wieder weg gewesen war. Und wenn ich mit meinem Geschäftspartner die nächste Fahrt am Telefon verabredete, benutzten wir Codes, die wir vorher vereinbart hatten. Eine Zeitlang war es einfach nur die Zahl zwei. Ich sagte zum Beispiel, wir treffen uns am Donnerstag, sechzehn Uhr, da und da. Das bedeutete, dass wir nicht am Donnerstag auf Reise gingen, sondern zwei Tage vorher, am Dienstag. Die Stasi-Schnüffler, die das Telefon angezapft hatten, warteten natürlich am Donnerstag auf uns. Da waren wir längst wieder zurück – mit einem Hänger voll Antiquitäten.

Bei unseren Telefonaten nahmen wir nie das Wort Antiquitäten in den Mund. Auch dafür hatten wir uns Codes ausgedacht. Meinten wir beispielsweise einen Frankfurter Wellenschrank, sagten wir: »ein Würstchen«. Abrissgläser hießen »Brauseflaschen«, und Silbermünzen liefen unter der Bezeichnung »Sternenhimmel« oder auch nur »Sterne«, wie es gerade in den Satz passte.

Manchmal holten sie mich trotzdem ab. »Zur Klärung eines Sachverhalts«, wie sie das nannten. Stand man bei denen einmal auf der Liste, hatten sie einen immer auf dem Kieker, da konnte man noch so brav sein. An einen Vernehmer erinnere ich mich noch gut, der sah aus wie Oskar Lafontaine. Vierundzwanzig Stunden nahm er mich in die Mangel. Mit Pausen zwar, aber die musste ich in dem Verhörraum verbringen. Ich lebte damals mit einer Frau zusammen, die ganz schön eifersüchtig war. Sie dachte jedes Mal, ich hätte heimlich eine Geliebte.

Nach der Wende habe ich mir meine Stasi-Akten angesehen. Was die alles über mich wussten! Einunddreißig IMs waren auf mich angesetzt gewesen. Einer von den Spitzeln hatte ihnen sogar eine Skizze meiner Wohnung geliefert und dazu eine Auflistung aller Antiquitäten, wo genau sie standen und welchen Wert sie besaßen – wobei er da maßlos übertrieb. Was mich aber am meisten traf: Unter den einunddreißig IMs tauchte auch der Name eines alten Kumpels auf, dem ich einmal aus der Patsche half und der lange bei mir wohnte. Er gehörte fast zur Familie. In den Akten musste ich dann lesen, dass er genau in dieser Zeit regelmäßig Berichte für die Stasi verfasste. Und dass er damit auch nicht aufhörte, als wir nach Westberlin ausgewandert waren. Ihn hatten sie vorher schon rausgelassen, und natürlich trafen wir uns dort wieder, ich ahnte ja nichts.

Später dachte ich manchmal, ich sollte ihn darauf ansprechen, tat es aber nie. Jetzt ist es dafür zu spät, er ist krank und lebt in einer psychiatrischen Klinik.

Aber weiter mit dem DDR-Funktionär, dessen Leben in einem kirchlichen Pflegeheim zu Ende ging. Viel zu tun hatte ich in seiner Wohnung nicht. Die wenigen Möbel, die dort standen, nahm alle Aleks mit. Sie waren zwar relativ neu und sahen teuer aus, trotzdem wäre ich sie hier nur mühsam losgeworden.

Interessanter waren ein paar Schallplatten mit klassischer

Musik – Aufnahmen, die Kurt Masur dirigiert hatte, aber auch ältere. Und einige Bücher, ein Koran etwa, den ich bei diesem Mann am allerwenigsten vermutet hätte. Außerdem eine Chronik von Frankfurt am Main aus dem 19. Jahrhundert, sehr aufwendig und schön gestaltet. Oder das *Großherzoglich Badische Regierungsblatt*, zehnter Jahrgang, von 1812. Das sah sogar aus, als hätte er es durchgearbeitet. An mehreren Stellen klemmten kleine Zettel zwischen den Seiten, und verschiedene Passagen waren unterstrichen.

Das absolute Schmuckstück im Regal aber war ein Gästebuch in einer pompösen Schatulle aus dunkelgrünem Leder mit geometrischen Linien in Goldprägung. Allein diese Kassette wog gut und gern drei Kilo. Der Form nach erinnerte sie mich ein bisschen an das Leninmausoleum auf dem Roten Platz in Moskau. Sie war auch so stufenförmig gestaltet.

Auf der obersten Stufe, sozusagen dem Dach, klebte echtes weißes Pergament. Darauf war mit Ausziehtusche ein großes »S« gemalt – damit begann der Nachname des Mannes. Ich schloss daraus, dass das Buch und die Schatulle extra für ihn angefertigt worden waren. So etwas könnte man heute gar nicht mehr bezahlen. Wenn man überhaupt jemanden finden würde, der dieses Handwerk noch beherrscht.

Um an das Gästebuch zu gelangen, musste man eine Schublade öffnen, die mit einem kleinen Metallgriff versehen war. Es war ein bisschen so, als würde man etwas aus einer Minigarage ziehen. Der Einband des Buchs war mit weißem Pergament umhüllt. Die Seiten dazwischen bestanden aus dickem, handgeschöpftem Büttenpapier, gebunden in Fadenheftung.

Die meisten Seiten waren leer. Lediglich fünf Eintragungen zählte ich, als habe man das edle Papier lieber schonen wollen. Die erste stammte vom 17. September 1951 und war auf Chinesisch geschrieben, von jemandem aus Shanghai. Direkt darunter standen drei Zeilen auf Englisch – die Übersetzung vermutlich. Nichts Weltbewegendes: Danke für die Gastfreundschaft – süße Kinder – tolles Vaterland, so was in der Art.

Drei Seiten weiter verewigte sich ein Mann, der in der DDR ein noch größeres Licht war als der Verstorbene selbst. Dieser saß sogar in der Regierung. Die beiden Männer schienen seit jungen Jahren befreundet gewesen zu sein – oder vielleicht doch nicht. Schreibt man jemandem, der einem ehrlich am Herzen liegt, einen solchen Geburtstagsgruß ins Gästebuch?

*Zehn Jahre kennen wir uns nunmehr und arbeiten wir in enger Kameradschaft an den gemeinsamen Aufgaben unseres neuen Deutschlands mit …*

Mehr stand da nicht, nur noch der Name, schwungvoll daruntergekritzelt.

Ich blätterte also weiter. Die restlichen Eintragungen waren von Personen, deren Namen mir nichts sagten, und enthielten keine Offenbarungen. Aber das heißt nicht, dass ich mich langweilte. Allein das Papier zwischen den Händen zu spüren war schon ein Vergnügen.

Ganz hinten fand ich dann doch noch etwas: ein Autogramm von Aram Chatschaturjan, mit persönlicher Widmung für den Herrn, dem das Gästebuch gehörte. Demnach waren sich die beiden bei einem Konzert des armenischen Komponisten im März 1961 in Berlin begegnet. Chatschaturjans »Säbeltanz« aus dem Ballett *Gajaneh* ist weltbekannt, spätestens seit der US-Kinokomödie *Eins, Zwei, Drei*, die Billy Wilder drehte.

Gleich dahinter hatte der Verstorbene eine Extra-Ausgabe von *Das Volk* – eine SED-Zeitung, die in Thüringen erschien – abgelegt. Nur zwei Seiten, wie ein Flugblatt. Der Anlass stand direkt unter dem Titel:

*Sternstunde der Menschheit:*
*Bezwinger des Weltraumes –*
*ein Sowjetbürger*

Juri Gagarins Flug ins Weltall am 12. April 1961. Eine gigantische Leistung, wenn denn alles so war, wie es in den Geschichtsbüchern steht. Aber für die DDR-Kommunisten war es auch eine riesige Propagandanummer. Man hat seit der Wende schon vieles vergessen oder verdrängt, auch, wie die Zeitungen aussahen und was darin so geschrieben wurde. Deswegen liest sich dieses kleine Flugblatt wie eine Mahnung: Proletarier aller Länder, so darf es nie wieder werden! Besonders der Kommentar – ein Glanzstück:

*Freunde, Genossen!*
*Stolz erfüllt unsere Herzen, ein unbeschreibliches Glücksgefühl durchströmt uns über diese grandiose Leistung sowjetischer Schöpferkraft, über diese epochale Schöpfung des sozialistischen*

*Genius. »Man kann nicht einfach sagen«, hatte kürzlich erst US-Star-Raketenexperte Wernher von Braun erklärt, »daß ein Land dem anderen voraus ist. Wir sind in einigen Dingen voraus – sie in anderen.« Und die westdeutschen blinden Bewunderer dieses Mannes schrien seine Worte triumphierend in die Welt. Eine Täuschung, wie sich jetzt erneut herausgestellt hat, ein fundamentaler Irrtum. Es gibt nur eine Weltmacht der Astronautik, und das ist die Sowjetunion. Zu dieser gewiß für manche westliche Bewunderer des Götzen USA-Imperialismus recht betrüblichen Schlußfolgerung muß man zwangsläufig nach dem heutigen welthistorischen Sturm des Sowjetmenschen auf das All kommen.*

*Warum ist das so? Diese Frage wird sich jeder Mensch jetzt vorlegen.*

*Geben wir darauf eine Antwort: Die Sowjetunion schreitet deshalb von Erfolg zu Erfolg, sie konnte deshalb als erstes Land die Sputniks starten, die Rückseite des Mondes fotografieren, die Venusstation ablassen und jetzt den ersten Menschen in den Weltraum fliegen lassen, weil sie einen Treibstoff besitzt, der unbegrenzte Möglichkeiten bietet, den keiner, selbst der allerbeste US-Chemiker erzeugen kann. Dieser Treibstoff, das Geheimnis aller Erfolge, heißt Sozialismus, heißt Kommunismus! Darin liegen die Ursachen des sowjetischen Wunders.*

*Ein dreifaches Hoch auf die Großtat aller Großtaten!*

Noch habe ich keine Vorstellung, was ich mit all diesen Sachen anfangen soll. Sicher, man könnte sie wegwerfen, aber meiner Meinung nach wäre das ein Jammer. Für die alten

Hochzeitsunterlagen interessiert sich vielleicht jemand vom Jüdischen Museum. Mal sehen. Und für die anderen Dinge wird mir schon irgendetwas einfallen. Und falls nicht, behalte ich sie eben und erfreue mich daran.

Man muss da auch ein bisschen Geduld haben, schließlich kommt einem nicht jeden Tag die perfekte Eingebung. Eine Idee ist manchmal wie ein zartes Pflänzchen, das gepäppelt werden will.

Zum Beispiel überlege ich schon ein Weilchen, was ich mit dem Reisetagebuch machen könnte, das ich bei einer Räumung in der Nähe von Neumünster entdeckt habe. So weit fahre ich normalerweise gar nicht. In dem Fall aber hatte mich die Anruferin mit der Aussicht gelockt, es stünden eine Menge seltener Bücher in der Wohnung ihres Vaters, der kürzlich verstorben sei. Tatsächlich erwartete mich eine umfangreiche Bibliothek, aber so selten waren die Bücher darin dann doch nicht.

Interessant war das Reisetagebuch des Verstorbenen: Darin beschrieb er die Sommer seiner Kindheit und Jugend. Der erste Eintrag datiert vom 11. Juli 1931, damals war er neun Jahre alt. Allerdings sind die Aufzeichnungen schwierig zu entziffern, da sie in Sütterlin verfasst wurden. Das ändert sich erst in der Mitte des Hefts, mit Beginn der Sommerferien 1937. Seltsamerweise fehlen die Seiten vom Sommer 1933. Man sieht, dass sie herausgerissen wurden.

Anfangs schildert er Radtouren, die er gemeinsam mit seinem Vater unternahm, während die Mutter mit der kleinen

Schwester zu Hause blieb. Meistens fuhren sie nach Flensburg, zu den Großeltern. Ab und an auch über die Grenze nach Dänemark, wo ein Onkel mit seiner Familie lebte. Wenn man das liest, klingt es wie heile Welt, als ginge es nur um Harmlosigkeiten.

Das schlimmste Malheur, das ihnen passierte, war, dass das Innere ihrer Thermosflasche zu Bruch ging. Gelegentlich platzte auch ein Reifen, den sie dann flicken mussten. Aber die beiden hatten auch richtig Spaß miteinander. Einmal waren sie in Kiel, es regnete, und die Jugendherberge, in der sie übernachten wollten, schien ausgebucht:

*Papa hatte kurz vorher mit seiner Klasse dort übernachtet. Da ein sehr großer Andrang war und wir uns nicht angemeldet hatten, fürchteten wir schon, nicht mehr unterzukommen. Als Papa zum Herbergsvater kam, tat dieser so, als ob wir angemeldet seien, blätterte in einigen Heften und sagte: »Stimmt! Sie sind angemeldet.« ...*

Nach diesem Erfolgserlebnis wagten die beiden gleich den nächsten Streich:

*Wir wollten versuchen, ob wir auf ein Kriegsschiff kommen könnten. Um sechs Uhr fuhr ein Boot zur »Leipzig«. Diese war gerade aus Spanien zurückgekommen, wo die Bolschewisten vier Torpedos auf sie abgeschossen hatten. Einer hatte sie gerammt. Deshalb lag sie jetzt im Dock.*

*Es ist verboten, Kriegsschiffe, die im Dock liegen, zur Besichtigung freizugeben. Es war aber eine Gesellschaft da, die schein-*

*bar Beziehungen hatte. Diese hatte sich vorher angemeldet und durfte auf den Kreuzer rauf. Papa und ich gingen nun einfach frech immer hinter der Gruppe her. Wir taten so, als ob wir dazugehörten und wurden durch das ganze Schiff geführt ...*

Das war im Sommer 1937. Begierig saugte der damals Fünfzehnjährige jedes Detail auf und schilderte es ausführlich auf den nächsten Seiten. Drillingstürme, Torpedorohre, Langrohr-Flakgeschütze, Katapultanlage, Bordflugzeug, Reserveflugzeug, Panzergefechtsturm, Telefonzentrale, Kommandobrücke, Mannschaftsräume, bis hin zur Kantine.

Am Anfang denkt man, der Junge schildert lediglich Belanglosigkeiten. Wie er mit seinem Vater durch die Gegend radelt, wie sie irgendwo einen Stopp einlegen, um Kuchen zu essen oder sich ein Eis zu gönnen, wie er mit seinen Nichten und Neffen in der Ostsee badet, wie er dem Onkel bei der Feldarbeit hilft, wie er im Kino den Film *Land der Liebe* ansieht und sich dabei köstlich amüsiert, wie er zu Hause neben dem Radio hockt und der Übertragung des *Großen Preises von Deutschland* auf dem Nürburgring lauscht oder wie er einfach nur bei der Großmutter im Wohnzimmer sitzt und die *Deutsche Illustrierte* (aus der später die *Bunte* wurde) liest, weil es draußen schüttet.

Es passiert tatsächlich überhaupt nichts Dramatisches, doch gerade durch die Beschreibung dieser Alltäglichkeiten wird die Zeit lebendig. Man kann sich alles wunderbar vorstellen, sieht den Jungen förmlich vor sich, wie er seine Tage verbringt.

Dabei hilft auch, dass manche Eintragungen illustriert

sind. Gleich ganz vorn, auf der Innenseite des Umschlags, ist er selbst zu sehen, »gez. 16. 7. 1935 von Papa« – so steht es daneben. An der Strichzeichnung mit schwarzer Tinte sieht man, dass Papa darin recht geschickt war. Der Junge selbst aber auch. Weiter hinten folgen Drucke von Linolschnitten – Blumen in einer Vase, Landschaft mit Bäumen und Findlingen – und verschiedene Zeichnungen. Er und sein Vater beim Angeln, die beiden beim Drachensteigen, ein Dorf, das sich hinter einem Hügel versteckt, so dass nur Dachspitzen zu sehen sind. Und auf Seite 66 skizziert er, wie eine Schleuse im Mittellandkanal funktionierte, die er mit seinen Klassenkameraden während einer Schulreise im Sommer 1938 besichtigte.

An keiner Stelle werden irgendwelche politischen Ereignisse in Deutschland erwähnt oder gar kommentiert. Vielleicht stand etwas auf den Seiten, die fehlen. Auf denen, die vorhanden sind, scheint das Leben unpolitisch dahinzuplätschern, als wären Hitler und seine Bagage nie an die Macht gekommen. Eine merkwürdig ungetrübte und irgendwie seltsame Idylle.

Nur einmal tauchen das Hakenkreuz und das Kürzel »HJ« für Hitlerjugend auf, völlig beiläufig – in einem Eintrag vom Juli 1938. Diesmal war der Tagebuchschreiber allein mit dem Rad unterwegs, wollte zu den Verwandten in Dänemark und legte einen Übernachtungsstopp bei der Großmutter in Flensburg ein.

*Um drei Uhr tranken wir Kaffee und um halb vier Uhr startete*
*ich in Richtung Grenze. Bald war sie erreicht und es ging durch*
*die Paßkontrolle. Da gab es für mich eine peinliche Überra-*
*schung. Ohne eine Ausreiseerlaubnis der H. J. wollte man mich*
*nicht rauslassen. Nach einigem Hin und Her blieb mir nichts*
*anderes übrig, als nach Flensburg zurückzufahren, um mir*
*einen Ausweis zu holen. Ich zischte also zur Bannführung in der*
*»Reitbahn« und holte mir einen Schein. Jetzt ließ man mich ohne*
*weiteres hinüber ...*

*In flottem Tempo ging's nach Apenrade. Unterwegs grüßten*
*mich oft Dänen, die mich an meinem Hakenkreuzwimpel als*
*Deutschen erkannten, mit dem Deutschen Gruß, einmal sogar*
*mit »Heil Hitler!« Kurz vor Apenrade hatte mein Hinterrad*
*plötzlich Plattfuß ...*

Vielleicht ist es gerade diese Beschaulichkeit, die einem das
Ganze unheimlich macht. Weil man weiß, was danach geschah. Und weil, je weiter man liest, immer mehr Vorboten
des Unheils auftauchen. Das Kriegsschiff in Kiel oder später
fünf U-Boote, die in einem dänischen Hafen liegen. Oder die
Schaufenster in der Einkaufszone von Hannover, die mit dem
Wort »Jude« oder einem »Judengesicht«, wie er schreibt, be-
schmiert waren. Oder die Kolonne von Wehrmachtsfahrzeu-
gen, die an ihm vorüberfährt. Oder der Bericht von einem
Gespräch mit einem jungen Dänen aus Kopenhagen, der zu
ihm gesagt habe, er halte die Deutschen für mindestens ebenso
gut wie jedes andere Volk, die ausländischen Gräuelmärchen
seien erlogen.

Die letzte Reise, die der Junge beschreibt, begann am 20. August 1939. Ein Schulausflug in den Harz. Wie üblich ließ er sich seitenlang über jede Begebenheit aus, die er und seine Mitschüler erlebten. Vom kargen Frühstück bis zum schweißtreibenden Aufstieg zum Gipfel des Brocken, dem deutschesten Berg der Deutschen. Das Klopstockhaus in Quedlinburg, der Hexentanzplatz in Thale, die Hermannshöhle in Rübeland, das einsame Schierke am Fuße des Brocken – nichts sparte er in seinen Berichten aus. Selbst wie sie die Bode überquerten, indem sie von einem Felsstein zum nächsten sprangen, bis sie das andere Ufer erreichten, erschien ihm erwähnenswert. Oder ein gemütlicher Abend in einer Wirtschaft, in der sie eiskaltes Malzbier tranken.

Jeden Tag wanderten sie ein Stück weiter und jeden Tag schrieb er alles auf, bis sie am sechsten in Bad Harzburg landeten.

Danach folgt nur noch ein Eintrag, und der ist im Unterschied zu den vorangegangenen nicht nur äußerst spärlich gehalten, die Schrift sieht auch ganz anders aus. Die Tinte ist dunkler, die Buchstaben fallen stärker nach rechts, sind auseinandergezogen, beinahe so, als wären die Zeilen nur hastig hingekrakelt worden, vielleicht sogar im Stehen.

*26. 8. 39*

*Am nächsten Tag nach Goslar. Flüchtige Besichtigung der Kaiserpfalz und dann überstürzte, unplanmäßige Abfahrt nach Hause wegen Kriegsgefahr, da am folgenden Tag für Zivilpersonen kein Anspruch auf Beförderung.*

Fünf Tage danach, am Abend des 31. August, ließ Hitler den Sender Gleiwitz überfallen. Wenige Stunden später marschierte die Wehrmacht in Polen ein, der Zweite Weltkrieg begann.

# Vom Tod und vom Glück

Die Wohnung war perfekt eingerichtet, für meinen Geschmack etwas zu perfekt. Ausschließlich moderne Designermöbel, die ein kleines Vermögen gekostet haben mussten. Viel Leder, viel Chrom, sehr schick und geschmackvoll, aber irgendwie phantasielos. Ich sage in solchen Fällen immer: ohne Seele. Wer sich so einrichtet, das ist meine Erfahrung, macht das weniger für sich selbst als für andere. Das sind häufig Leute, die sich einbilden, ihre Möbel müssten unbedingt von einer bestimmten Marke sein, weil alle, die in ihren Kreisen verkehren, sich nur die und keine anderen ins Wohnzimmer stellen. Der Widerspruch dabei ist: Sie meinen, sie besäßen damit etwas Individuelles, dabei handelt es sich auch bloß um Massenware. Die sagt über den Charakter ihres Besitzers zwar auch etwas, aber nicht viel, nichts Konkretes.

Es war eine Eigentumswohnung, nicht riesig – drei Zimmer, Küche, Bad –, aber gut gelegen in einer eleganten Ecke von Wilmersdorf. Gepflegtes Mehrfamilienhaus, hellgraue Fassade, Fahrstuhl, dritter Stock rechts. Der Mann, dem die Wohnung gehört und der darin auch gelebt hatte – allein –, war Anfang vierzig gewesen und hatte in einer Werbeagentur gearbeitet. Obwohl das jetzt nach Klischee klingt, so war's. Er muss beruflich ziemlich erfolgreich gewesen sein, sonst hätte er sich das alles kaum leisten können.

Die Frau, die mir die Wohnung zeigte, war seine Schwester. Ich schätzte sie auf Mitte, Ende vierzig. Der Tod ihres Bruders schien sie sehr mitzunehmen, sie wirkte völlig verzweifelt. Es war schwierig, mit ihr ins Gespräch zu kommen. Bei jedem dritten Satz brach sie in Tränen aus und fing an zu schluchzen, dass es einem richtig unter die Haut ging. Sie tat mir leid. Am liebsten hätte ich sie in den Arm genommen und getröstet. Ich glaube, das hätte sie auch gut gebrauchen können.

Die Wohnung sollte geräumt und anschließend verkauft werden. Wir hätten also übers Finanzielle sprechen müssen, aber das brachte ich in dieser Situation nicht übers Herz. So traurig wie sie war, konnte ich mit ihr unmöglich über Geld verhandeln. Erst recht nicht, da ich davon ausgehen musste, dass sie mehr erwartete, als ich ihr hätte zahlen können. Für sie war es die schick und teuer eingerichtete Wohnung ihres geliebten Bruders. Ich dagegen hatte es nüchterner zu betrachten. So kostspielig die Einrichtung einmal gewesen sein mag, im gebrauchten Zustand waren dafür keine Spitzenpreise zu erzielen. Wer sich solche Möbel in seine Wohnung stellt, kauft sie neu. Alles andere würde an seinem Image kratzen.

Ich sagte ihr, ich würde in den nächsten Tagen ein Angebot schicken. Lieber wäre es mir gewesen, sie hätte es sich in der Zwischenzeit anders überlegt und einen Kollegen beauftragt.

Obwohl ich ihren Bruder nicht gekannt hatte, ging mir die Sache nah, vielleicht, weil er noch so jung gewesen war. Doch die Frau entschied sich, mir den Auftrag zu geben.

Als ich mich dann das erste Mal allein in der Wohnung aufhielt, noch einmal alle Zimmer durchschritt und mir dabei einen Plan zurechtlegte, wie ich am besten vorgehe, fiel mir auf, dass der Anrufbeantworter blinkte. Er stand in dem kleinsten Raum, den sich der Mann als Büro hergerichtet hatte, auf dem Schreibtisch. An der Wand darüber hingen einige Fotos von ihm, Schwarzweiß-Aufnahmen, die ihn mit ernster, beinahe versteinerter Miene zeigten; nicht einmal der Anflug eines Lächelns war in seinem Gesicht zu erkennen.

Erst dachte ich, ich sollte das rote Lämpchen des Anrufbeantworters einfach ignorieren. Für mich würde die Nachricht garantiert nicht sein. Ich verließ sogar das Zimmer, um mich nicht weiter damit auseinandersetzen zu müssen, aber das funktionierte natürlich nicht.

Was, wenn es eine wichtige Botschaft war? Für den Anrufbeantworter würde sich kaum ein Käufer finden lassen. Er würde mit ziemlicher Sicherheit im Müll landen, bestenfalls auf einem Trödelmarkt, aber auch dann wäre die Nachricht für immer verloren. Andererseits: Der Mann war tot. Nichts auf der Welt konnte für ihn noch von Bedeutung sein.

Ich rang ein Weilchen mit mir, dann ging ich in das Zimmer zurück, steuerte den Schreibtisch an, blieb stehen und drückte doch auf die Wiedergabetaste. Eine Frauenstimme. Es war die Schwester. Sie schien von einem Handy angerufen zu haben, den Geräuschen nach zu urteilen aus dem Auto. Sie klang völlig aufgelöst:

»Hallo Matthias, bist du da? ... Hallo!? ... Man, wo steckst du denn? Ich versuche die ganze Zeit, dich zu erreichen ... Auf deinem Handy läuft nur die Mailbox, seit Stunden ... Die im Büro ... sie sagten, irgendwas sei mit deinem Auto ... Die waren so komisch ... Was ist denn passiert? Meld' dich, ja ...?!«

Das muss ihr letzter Anruf gewesen sein, an dem Tag, als ihr Bruder mit seinem BMW – er fuhr einen schwarzen Z4 – auf der Autobahn irgendwo in der Nähe von Berlin gegen einen Brückenpfeiler gerast war, mit voller Geschwindigkeit. Und in voller Absicht. Offenbar hatte er seit längerem unter Depressionen gelitten, aber das erfuhr ich erst später.

Nicht dass die Konfrontation mit dem Tod etwas Neues für mich gewesen wäre. Das passiert praktisch bei jedem Auftrag. Doch in dem Fall war es anders, intensiver. Erst musste ich mit ansehen, wie sehr die Frau unter dem Tod ihres Bruders litt. Und dann noch die Ansage auf dem Anrufbeantworter. Zugegeben, diesen Teil hatte ich mir selbst eingebrockt, aber wer hätte denn auch damit gerechnet?

Nachdem ich die verzweifelte Stimme der Schwester auf dem Band gehört hatte, konnte ich das Thema für den Rest des Tages nicht mehr ausblenden. Ich wünschte es mir, doch leider funktioniert meine Phantasie nicht nur bei schönen Dingen und nicht auf Knopfdruck, sonst hätte ich sie ausgeschaltet. So aber hing ich in Gedanken bei der armen Frau fest. Ich stellte mir vor, wie sie – hin- und hergerissen zwischen Hoffnung und Verzweiflung – in ein Krankenhaus kam und dort die schreckliche Nachricht erhielt.

Die ständige Begegnung mit dem Tod ändert die Sichtweise aufs Leben. Das lässt sich gar nicht verhindern, wenn man ein fühlender Mensch ist. Verschiedene Aspekte spielen dabei eine Rolle, der wichtigste ist wahrscheinlich, dass einem die Endlichkeit des Lebens so oft vor Augen geführt wird, dass man sie nicht mehr leugnen kann.

Natürlich ist jedem Menschen klar, dass er nicht ewig leben kann. Doch wie viele lassen das Thema Tod wirklich an sich heran? Wer akzeptiert ihn als Bestandteil seines Lebens? Die meisten verdrängen solche Gedanken doch, bis es gar nicht mehr anders geht.

Wahrscheinlich hielt ich das früher genauso, inzwischen hat sich das aber geändert. Ich akzeptiere die Endlichkeit und ziehe meine Schlüsse daraus. Das halte ich für vernünftiger, als sich ständig etwas vorzugaukeln. Allerdings rechne ich mir diese Wandlung nicht als eigenes Verdienst an. Wenn ich sie jemandem zu verdanken habe, dann in erster Linie den Verstorbenen, deren Wohnungen ich auflöse. Nicht direkt den Personen, denen bin ich ja nie begegnet, aber dem, was sie hinterlassen. Und zu einem kleineren Teil sicher auch meiner Bereitschaft, diese Sachen nicht einfach nur blind wegzuräumen, zu verkaufen oder zu entsorgen, sondern mich damit auseinanderzusetzen – wenn man so will: etwas daraus zu lernen.

Doch kann man aus irgendwelchen verstaubten Briefen, die jemand vor Ewigkeiten verfasste, der einem völlig fremd ist, etwas lernen? Ich denke, ja. Man kann auch aus einem Regal voller Bücher etwas lernen, ohne eins davon gelesen zu haben. Oder aus alten Fotos, die in irgendeiner Ecke dieser Welt geschossen wurden, wo man noch nie war.

All die Erlebnisse, von denen ich hier berichte, haben mich und meine Anschauungen geprägt, und dieser Prozess ist noch nicht abgeschlossen. Vieles mag sich wiederholen, wenn man den Job erst einmal so lange macht wie ich, und dennoch: Hält man bei aller Routine, die sich zwangsläufig einschleicht, immer schön die Augen offen, unterscheidet sich jeder Auftrag vom anderen.

Manchmal denke ich, ich sollte die Wohnungen, die mir anvertraut werden, nicht einfach nur leer räumen, sondern vorher Führungen anbieten, für interessierte Mitmenschen. Nicht, um sie in den Sachen fremder Leute herumkramen zu lassen, sondern um ihnen mal zu zeigen, was letztlich übrig bleibt, wenn man nicht mehr ist. Das liefe allerdings darauf hinaus, dass ihnen ein Spiegel ihres eigenen Lebens vorgehalten würde. Und genau das, fürchte ich, würde den meisten nicht schmecken. Weil es ihr Weltbild in Frage stellen könnte, ihren Glauben an den Konsum und an die Glücksversprechen, die ihnen beim Kauf vieler Produkte aufgetischt werden. Die Werbung ist da ja sehr erfinderisch. Es gibt doch kaum noch etwas, von dem einem nicht suggeriert wird, dass man es unbedingt besitzen muss, um rundum glücklich und zufrieden zu sein. Ob das ein bestimmtes Auto ist, das der Hersteller mit zig Zusatzfunktionen ausgerüstet hat, oder ein Becher Joghurt, der angeblich die Darmtätigkeit in Schwung bringt.

Da muss ich an die Wohnung eines verstorbenen Meteorologen denken, der vor seiner Pensionierung beim Deutschen Wetterdienst gearbeitet hatte. Ich glaube, er war sogar Professor, auf jeden Fall ein hochgebildeter Mensch, das sah man sofort. In jedem Zimmer, außer in der Küche, standen Regale mit Büchern, fast alles wissenschaftliche Schriften, die ältesten aus den Jahren um 1900 herum, vermutlich echte Raritäten. Einen Teil davon habe ich aufbewahrt. Sonst könnte ich die Titel auch gar nicht mehr wiedergeben, so kompliziert sind die. Damit man eine Vorstellung bekommt, wovon ich spreche – und womit sich manche Menschen so beschäftigen, hier also ein paar davon:

*Über die Existenz langsamer Luftdruckschwingungen auf der rotierenden Erde*

*Die periodischen Luftmassenverschiebungen und ihr Einfluss auf die Lageänderung der Erdachse (Breitenschwankungen)*

*Die synoptische Darstellung der $\frac{1}{2}$-jährigen Druckwelle*

*Die Singularität im Druckverlauf Ende November. Ihr innerer Aufbau und ihr Einfluss auf den Temperaturverlauf Europas im Dezember (Weihnachtstauwetter)*

*Die 7,2-tägige Luftdruckwelle im Sommer 1922*

*Synoptisch-aerologische Untersuchungen der Wetterlage während der internationalen Tage vom 13. bis 18. Dezember 1938*

*Singularitäten der Zyklonenfrequenz in einzelnen 5°:10°-Feldern*

*Die Brücknersche Niederschlagsschwankung über Europa*

Wie gesagt, etliche Regalmeter waren mit diesen und ähnlichen Fachwerken vollgestellt. Einige habe ich durchgeblättert. Diese gesammelten Fremdwörter machten mich neugierig. Allerdings währte meine Freude daran nicht besonders lange. Abgesehen davon, dass man bei einer Räumung sowieso keine Muße für solche Späßchen hat, kam ich mir doch ziemlich schnell ziemlich ungebildet vor.

Worauf ich aber eigentlich hinauswollte: Dieser kluge Kopf von einem Professor, der mir wahrscheinlich aus dem Stegreif einen wissenschaftlich fundierten Vortrag über Synoptik und Aerologie und sonst was hätte halten können, hatte offenbar noch eine zweite Religion gehabt.

Erste Hinweise darauf fand ich im Badezimmer. Über dem Waschbecken, in einem kleinen Spiegelschrank, waren mehrere Plastikdosen mit irgendwelchen Wunderpillen aufgereiht. Sogenannte Nahrungsergänzungsmittel. Gegen Falten und schlaffe Haut, gegen das Altern überhaupt, zur Stärkung des Immunsystems, zum Schutz vor freien Radikalen, zur Unterstützung der Blasenfunktion, für mehr Manneskraft – und ich weiß nicht, wofür oder wogegen noch alles.

Dabei war das nur eine kleine Einstimmung. Als ich später in den Keller hinunterstieg und die Tür öffnete, an der sein Name stand, dachte ich erst, ich hätte die falsche erwischt. Dahinter sah es aus wie im Lagerraum eines Pharmaunternehmens. Rundherum Regale, alle gefüllt mit Tablettenschachteln und Pillendosen und gleich doppelt sortiert: einmal alphabetisch nach den Anfangsbuchstaben der einzelnen Substanzen und dann noch nach den Körperteilen beziehungsweise Organen, für die sie gedacht waren. Ich erzählte das der Tochter des Professors, die mich mit der Wohnungsauflösung beauftragt hatte. Sie schien nicht im Geringsten überrascht zu sein und meinte, ihr Vater habe sich das Zeug seit Jahren im Abo zuschicken lassen.

Sicher war das ein extremer Fall, aber trotzdem keine Ausnahme. Mindestens in jeder dritten Wohnung finde ich irgendwelche Pülverchen oder Kapseln, deren Hersteller einem auf der Packungsbeilage das Blaue vom Himmel versprechen: glatte und frische Haut, ein gesundes Herz, kräftige Muskeln, ein waches Hirn, starke Knochen, bewegliche Gelenke – und das alles hinein bis ins hohe Alter.

Dass man sich das wünscht, kann ich gut verstehen. Mir fällt es auch schwer, anzuerkennen, dass die Biologie anderen Gesetzen unterliegt. Mit dem Unterschied, dass ich für Religionen jeglicher Art unempfänglich bin. Ich glaube nur, was ich sehe – nicht, was ich sehen will. Und durch das, was ich sehe, weiß ich: das Ende kommt, ob man sich jeden Tag solche Wundermittelchen reinpfeift oder nicht.

Und ich weiß auch, dass es nur äußerst selten so eintrifft, wie man es sich erhofft: Eben noch auf der Showbühne … und dann ab, direkt in die Grabkammer. Ohne Zwischenstation und ohne vorher jemandem zur Last zu fallen, am besten auch sich selbst nicht. Jeder wünscht sich einen würdevollen Abgang und dass er nicht leiden muss. In Wahrheit aber sind die letzten Tage und Stunden meistens sehr schwer und manchmal erbärmlich.

Ich mache mir da keinerlei Illusionen mehr, denn ich sehe das Elend oft genug in den Wohnungen, die ich ausräume. Dort liegen meistens noch die aufgerissenen Packungen mit den Windeln für Erwachsene – dass es so zu Ende geht, will niemand.

Könnte ich mir meinen Tod aussuchen, ich würde mir wünschen, dass es mich bei der Arbeit erwischt. Einfach umfallen, während ich alte Sachen sortiere und mit meinen Gedanken ganz woanders bin – und dann: Vorhang zu!

Vor Jahren bin ich bei einer Räumung auf ein Bild gestoßen, darauf war genau die Szene zu sehen, wie ich sie mir für meinen letzten Auftritt immer vorgestellt habe. Das war schon etwas gruselig. Ich stand vor einem Schrank, zog wahllos nacheinander einige Bücher heraus, die spannend aussahen, und blätterte darin herum. Auf einmal fiel mein Blick auf eine Schwarzweiß-Fotografie, die jemand zwischen die Seiten gesteckt hatte. Darauf war ein Zimmer mit alten Möbeln zu sehen, teilweise übereinandergestapelt, ein zusammengerollter Teppich, irgendwelches Gerümpel und verschiedene Kleidungsstücke. Alles ein bisschen querbeet. Und dazwischen, auf dem Fußboden aus Holzdielen, lag ein Mann, mit dem Gesicht nach unten, so dass man nur seine Haare sah. Vermutlich war die Aufnahme inszeniert worden und zeigte keine echte Leiche, aber dann hatte das ein Profi gemacht. Sie wirkte verblüffend authentisch.

Was ich mir noch schrecklicher vorstelle, als langsam zugrunde zu gehen, ist, dabei allein zu sein, niemanden zu haben, der einem in den letzten Stunden beisteht. Und vor allem mit dem Gefühl abtreten zu müssen, dass da keiner ist, dem man noch etwas bedeutet. Das sind die traurigsten Geschichten. Leider kommen sie häufig genug vor.

Wenn ich einen Räumungsauftrag vom Nachlassgericht erhalte, weil die Hinterbliebenen das Erbe ausschlagen und nicht einmal mehr bereit sind, einen Fuß in die Wohnung ihres Vaters oder ihrer Mutter zu setzen, frage ich mich immer, was in dieser Familie wohl vorgefallen sein mag. War der Verstorbene ein Ekelpaket und hatte es sich deshalb mit allen verscherzt? Oder fürchten sich seine Angehörigen nur panisch davor, sich mit dem Tod auseinanderzusetzen? Das habe ich auch schon erlebt. Für manche ist das sogar ein Grund, sich nicht einmal um die Beerdigung des Toten zu kümmern.

Mit den rätselhaftesten Geschichten wird man da mitunter konfrontiert. Einmal hatte ich gerade begonnen, die Wohnung eines Mannes zu räumen, der sich im Heizungskeller des Hauses erhängt hatte, im Alter von fünfundfünfzig Jahren. Keine Ahnung, warum, krank soll er nicht gewesen sein, jedenfalls nicht körperlich oder organisch. Auf einmal klingelte es an der Tür. Ich öffnete, und bevor ich etwas sagen konnte, schlüpfte eine junge Frau Anfang zwanzig an mir vorbei, lief schnurstracks ins Schlafzimmer und schnappte sich einen Plüschhasen, der dort auf einer Anrichte saß. Für nichts anderes schien sie einen Blick zu haben. Und kaum hatte sie, was sie wollte, machte sie kehrt. Wahrscheinlich wäre sie ohne ein Wort wieder verschwunden. Da ich aber noch immer an der Tür stand und wahrscheinlich ziemlich verdutzt dreinschaute, hielt sie kurz an und sagte: »Ich bin seine Tochter…« – und mit einem Blick auf den Hasen: »Der gehört mir!« Mehr nicht, dann war sie wieder verschwunden.

Die Angehörigen des Mannes hatten die Erbschaft abgelehnt und weigerten sich auch, sich um dessen Hinterlassenschaften zu kümmern. Von der jungen Frau fand ich später Fotos. Sie lagen in einem Karton in der Anrichte im Schlafzimmer, noch verpackt in den Hüllen, wie man sie vom Fotolabor bekommt. Auf manchen Bildern war sie allein zu sehen, als Kind. An einem Strand, im Disneyland in Paris, mit Schwimmflügeln in einem Hotelpool, vor einem Zelt auf einem Campingplatz. Die üblichen Urlaubsfotos. Sonnige Zeiten. Andere Aufnahmen zeigten sie mit ihrer Mutter oder mit dem Vater oder mit beiden. Und nicht eine war dabei, auf der sie nicht fröhlich in die Kamera lachte oder eine lustige Schnute zog. Waren die drei eine glückliche Familie gewesen? Und was ist dann passiert, in den Jahren nachdem diese Fotos entstanden waren? Kann man so etwas wie Glück überhaupt festhalten?

Es passiert nicht immer, aber manchmal gerate ich bei solchen Geschichten schon ins Grübeln. Dann denke ich: Ein solcher Stiesel möchtest du nicht sein, dass am Ende niemand mehr etwas mit dir zu tun haben will. Ich glaube, jeder erhält für das, was er im Leben macht, eine Quittung, früher oder später, da kommt keiner drumherum. Besonders wenn es um zwischenmenschliche Dinge geht, Liebe und Treue und so. Beweisen kann ich das zwar nicht. Aber es schadet sicher niemandem, sich ab und an darüber Gedanken zu machen.

Letztens fragte mich jemand, woran man einer Wohnung ansehen könne, ob die Leute, die darin lebten, glücklich und zufrieden waren, ob sie ein erfülltes Leben hatten.

Ich weiß gar nicht, ob man das kann. Wahrscheinlich lassen sich Indizien finden, die darauf hindeuten. Ob man damit dann aber immer richtig liegt – da habe ich meine Zweifel.

Generell denke ich, dass Menschen, die ein Hobby haben, irgendetwas, wofür sie sich interessieren, zu den glücklicheren gehören. Manchmal stoße ich auf Mappen, in denen Eintrittskarten von Konzerten oder Programmhefte von Theaterstücken aufbewahrt wurden, sorgfältig abgeheftet und mit Datum beschriftet. Teilweise sind darunter Sachen von vor dreißig Jahren. Das macht sicherlich niemand, der keine Freude an den Veranstaltungen hatte und dem diese Abende nicht wichtig waren.

Oder es hatte sich jemand ein Zimmer seiner Wohnung als Atelier eingerichtet. Auf der Staffelei stand noch das letzte Bild, an dem sich derjenige versucht hatte, ein Aquarell auf

Leinwand. Völlig misslungen, wenn man mich gefragt hätte, so wie alle anderen Bilder auch, die an den Wänden hingen und augenscheinlich vom selben Schöpfer stammten. Konnte man deswegen also darauf schließen, dass er ein unglücklicher Mensch gewesen war? Wohl eher nicht. Er wird einfach gern gemalt und sich an seinen Bildern erfreut haben. Sicher, das ist wieder nur eine Vermutung, aber anders kann ich es mir nicht vorstellen.

Häufig sind es die Kleinigkeiten in den Wohnungen, die etwas über einen Menschen aussagen. Ein schöner Füllfederhalter auf dem Schreibtisch – da mag ich altmodisch sein – verrät mir zum Beispiel mehr, als würde dort das neueste Modell einer hippen Computermarke stehen. Oder schönes Briefpapier, handgeschöpft aus einer Bütte. Aber wer benutzt so etwas heute schon noch?

Und Bücher natürlich. Weniger die deutschen Klassiker, die findet man in jedem gutbürgerlichen Haushalt, manchmal mit schicken Einbänden und einem Titel in goldenen Lettern, aber meistens ungelesen, oft nicht einmal aufgeschlagen, das erkennt man ja. Woraus man schließen kann, dass sie lediglich als Dekoration dienten und wahrscheinlich überhaupt nur angeschafft wurden, weil sie auf dem Ramschtisch im Buchladen so hübsch aussahen und spottbillig waren. Ein verlässlicher Hinweis darauf ist eine Stempelung an der unteren Schnittkante des Buchs: »Mängelexemplar«.

Das sagt zwar auch etwas über die Leute aus, die sich mit solchen Büchern schmücken, aber spannender wird es für mich, wenn ich Lektüre zu seltenen Themenbereichen wie bei dem Professor vom Wetteramt entdecke. Was ich da alles schon in den Händen hatte!

*Der Schmetterlingszüchter – Lebens- und Entwicklungsweise unserer einheimischen Schmetterlinge nebst einer Anleitung zur Schmetterlingszucht – von 1904*

oder:

*Wanderungen in Begleitung eines Naturkundigen. Eine Naturgeschichte für das Volk, insbesondere für die Jugend – von 1899*

*oder:*

*Die Käfer des Deutschen Reiches, Band I bis V – von 1916.*

Aber solche Kostbarkeiten muss man auch erst einmal entdecken. Die Leute machen da ja leider kein Schild dran, bevor sie sich ins Jenseits verabschieden. Oft steht man vor einem Regal voller Bücher, sieht sich die Titel auf den Buchrücken an und fängt an zu gähnen, weil man einfach nichts Aufregendes entdeckt. Dabei kann es schnell passieren, dass man das eine besondere Exemplar übersieht, das irgendwo dazwischen steckt, mit einem völlig unscheinbaren Einband, vielleicht sogar leicht zerfleddert.

Auf diese Weise wäre mir beinahe mein schönstes Buch

durch die Lappen gegangen, das ich jetzt hüte wie einen Schatz. Es stand in einer Wohnung in der Nähe des Schlachtensees. Und die wiederum befand sich in einer ehemaligen Villa, aus der ein Mehrfamilienhaus gemacht worden war. Eine Frau Mitte fünfzig hatte mich angerufen, ihre Mutter sei verstorben, ob ich ihr behilflich sein könne, deren Haushalt aufzulösen. Arm kann die Frau nicht gewesen sein. Ihre Wohnung war vollgestopft mit schönen Dingen. Stilmäßig etwas durcheinander, vieles passte nicht zusammen, aber fast alles waren auserlesene Sachen.

Die meisten Möbel wollte die Tochter selbst behalten. Trotzdem lohnte es sich für mich. Ein paar kleine Gemälde, Originale mit Landschaften, zwei schöne Lampen, altes Porzellan aus der Königlichen Porzellan-Manufaktur Berlin und zwei Stühle vom dänischen Designer Verner Panton, ein Modell aus den sechziger Jahren. Sogenannte Monoblock-Freischwinger, Sitzmöbel ohne Hinterbeine, gefertigt aus einem besonders strapazierfähigen und witterungsbeständigen Kunststoff. Ob man die mag, ist sicher Geschmackssache, aber sie sind noch immer begehrt, selbst Stühle, die schon seit vierzig Jahren irgendwo herumstehen und Kratzer haben. Dafür muss man richtig Geld hinblättern.

Und dann eine Menge Bücher, vor allem die üblichen Verdächtigen: Klassiker, Romane – die überwogen –, außerdem Lexika und Bildbände. Für Nachschlagewerke gibt es keinen Markt mehr, den hat Google ruiniert. Mit Bildbänden ist es auch schwierig. Bis auf wenige Ausnahmen, aber da müsste ich lange überlegen, ehe mir welche einfielen.

Viele meinen, je älter ein gebrauchtes Buch, desto wertvoller ist es – wie beim Wein. Das halte ich für einen Irrtum. So pauschal trifft das nämlich nicht zu. Wenn man Pech hat, springt für eine Bibel aus dem 18. Jahrhundert weniger heraus als für einen Bildband von Leni Riefenstahl oder für einen von Helmut Newton – nackte Frauen gehen eigentlich immer. Da ist es egal, von wann ein Buch ist. Man bekommt keine Unsummen dafür, wird es aber los.

Manchmal ist es nur ein Gefühl. Man fischt ein Buch aus einer Masse von anderen heraus, weil einem irgendetwas daran ins Auge springt, stellt fest, dass man so eins noch nie in den Händen hielt, und denkt sich: Könnte etwas Besonderes sein. So erging es mir in der Wohnung am Schlachtensee sogar gleich zweimal.

Den Titel des ersten Buches kriege ich nicht mehr zusammen. Er war fast fünf Zeilen lang, etwas umständlich formuliert und nicht auf Neudeutsch. Das Buch fiel mir auf, weil es im Gegensatz zu den anderen rechts und links davon in Leder gebunden war und ziemlich mitgenommen aussah. Ein uralter Schinken zwischen lauter Romanen der Gegenwart. Auch vom Thema her passte er nicht so recht in diese Umgebung.

Es ging um das Erdbeben in Portugal am 1. November 1755, durch das Lissabon nahezu völlig zerstört wurde. Erst das Beben, das unzählige Brände entfachte, und Minuten später ein Tsunami, der viele Feuer zwar löschte, dafür aber die Gebäude, die noch standen, in Schuttberge verwandelte. In dem Buch waren Kupferstiche abgebildet, auf denen jemand versucht hatte, die einzelnen Stadien der Katastrophe festzuhalten. Fotoapparate gab es damals ja noch nicht.

Am nächsten Tag suchte ich im Internet nach Informationen zu meinem neuesten Fund. Zuerst gab ich den Titel ein, dann den Verlag, dann irgendwelche Stichworte, das brachte alles nichts. Ich fand weder das Buch selbst noch den kleinsten Hinweis darauf. Es war, als hätte ich einen kleinen Schatz ausgegraben, von dem niemand wusste, dass er überhaupt existierte.

Ich hob das Buch ein Weilchen auf und unternahm später erneut einen Versuch – mit dem gleichen Resultat. Da ich mich nun aber nicht ewig damit beschäftigen konnte, brachte ich es zu einem Auktionshaus, das sich auf Bücher spezialisiert hatte. Die Leute dort waren auch nicht schlauer, dafür aber sehr interessiert. Und geschäftstüchtig: Tausendzweihundert Euro erbrachte die Versteigerung.

Das außergewöhnliche Buch Nummer zwei, das ich in dieser Wohnung fand, auch eher zufällig, war nicht ganz so alt, dürfte aber sogar mehr wert sein. Obwohl es davon noch andere Exemplare zu geben scheint und auch Nachdrucke angefertigt wurden und sogar Fotokopien. Schon für die werden zweihundert Euro verlangt. Das höchste Angebot für eine Originalausgabe der ersten Auflage, von dem ich bisher erfahren habe, lag bei immerhin fünftausend Euro. Allerdings war das mit einer handschriftlichen Widmung des Verfassers veredelt und stammte offenbar aus dem Nachlass von jemandem, der mit diesem befreundet gewesen war.

*Netsuke. Versuch einer Geschichte der japanischen Schnitz-*

*kunst* – so heißt der Prachtband. Der Umschlag in Leder gefasst, dazwischen fast fünfhundert Seiten edles großformatiges Papier, mit schwarzweißen und farbigen Bildtafeln, vor denen jeweils ein Blatt halbdurchsichtiges Seidenpapier eingebunden ist. Der Autor: Albert Eduard Brockhaus – einer aus dem weitverzweigten Brockhaus-Clan. Sein Buch dürfte damals eine Liebhaberei gewesen sein, weniger fürs Massenpublikum gedacht. Dabei war sicherlich hilfreich, dass er den bekannten Lexikonverlag gleichen Namens, in dem 1905 die Erstauflage erschien, selbst leitete, gemeinsam mit einem seiner Brüder.

Aber auch sonst muss dieser Albert Eduard seinerzeit eine ziemlich wichtige Figur gewesen sein, als Verleger und als Politiker, mit besten Kontakten zum sächsischen Königshaus. Auf ihn geht zum Beispiel das Gesetz zurück, dass Bücher überall zu ein und demselben Preis verkauft werden müssen. Buchpreisbindung nennt sich das, die gilt heute noch. Er hat sie damals als Erster durchgedrückt. Hätte ich den Netsuke-Wälzer nicht in die Finger bekommen, ich hätte nicht gedacht, dass das so eine alte Geschichte ist. In dem Buch steht zwar kein Wort darüber, aber so bin ich überhaupt erst auf Albert Eduard Brockhaus und seine Familie gestoßen und neugierig geworden. (Wobei man da kaum durchblickt, bei den vielen Familienzweigen, die es gab. Einer von den Herren Brockhaus heiratete sogar in die Familie von Richard Wagner, dem großen Komponisten, ein, indem er dessen Schwester Luise ehelichte.)

Von den japanischen Schnitzereien und ihrer Bedeutung

hatte ich vorher auch keine Ahnung. Inzwischen habe ich mich in das Buch regelrecht verliebt, das gebe ich nicht weg. Nur einmal wäre ich beinahe schwach geworden, als ich jemanden traf, der Netsuke-Figuren sammelt. Dem führte ich das Buch vor; von »zeigen« kann man bei diesem Juwel der Buchdruckkunst ja nicht sprechen. Der Mann geriet vor lauter Begeisterung völlig in Verzückung. Ich fürchtete schon, er würde mir das Buch aus den Händen reißen, um damit auf Nimmerwiedersehen zu verschwinden. Aber er war gut erzogen.

Dabei hätte er es schon gern gehabt, und ich hätte es ihm vermutlich sogar überlassen, doch der liebe Gott wollte, dass er knapp bei Kasse war. Nicht jeder Sammler fährt einen Bentley. Manche sparen sich das Geld für ihre Leidenschaft regelrecht vom Munde ab, verzichten auf Urlaubsreisen und alles andere, was ihnen unnötig erscheint. Bei denen ist es dann wahrscheinlich eine Leidenschaft, die Leiden schafft.

Hinterher fiel mir ein Stein vom Herzen. Ich kann mir gar nicht vorstellen, wie es sein würde, das Buch nicht mehr zu haben – irgendwie hänge ich daran. Und das kann ich nicht von allzu vielem behaupten, meine Frau Eva einmal ausgenommen. Ohne sie, das würde mir gar nicht gefallen.

Nur ein paar wenige von den alten Sachen, die ich bei Räumungen entdeckt habe, sind mir wirklich ans Herz gewachsen. Der Lüsterengel beispielsweise, der bei uns im Wohnzimmer hängt. Und die Bronze *Au but* – drei vorwärtsstrebende Athleten – von Alfred Boucher, einem französischen Bildhauer, der mit Auguste Rodin und Guy de Maupassant verkehrte. Diese stammte aus dem Haus der Farbenfabrikanten-Familie. Und auch der bronzene Apollo von Emil Wolff gehört dazu, einem Berliner Bildhauer des Klassizismus, der das Handwerk bei seinem Onkel Johann Gottfried Schadow lernte; dessen berühmtestes Werk ist die Quadriga auf dem Brandenburger Tor.

Aber ich würde mich niemals als Sammler bezeichnen. Ein Händler, der sammelt – das ginge nicht, zumindest nicht bei mir. Besitz verpflichtet nur, das wäre mir zu anstrengend. Außerdem hätte ich Bammel, beklaut zu werden. Ich bräuchte eine Alarmanlage und diesen ganzen Sicherheitsschnickschnack. Das engt einen doch nur ein. Da würde ich mich nicht mehr frei fühlen.

Mir genügt es, Schatzsucher zu sein, die Sachen zu entdecken, daran kann ich mich am meisten erfreuen. Das war schon ganz am Anfang so, damals in der DDR, als ich die ersten antiken Möbel an Land zog und in meiner kleinen Wohnung in Potsdam aufbaute. In den ersten Tagen herrschte die pure Euphorie, nach ein paar Wochen noch Freude, dann aber meldete sich wieder das Bedürfnis, loszuziehen und etwas Neues auszugraben.

Sicher hängt das damit zusammen, dass ich mit Stillstand schlecht zurechtkomme. Ich brauche Bewegung – auch für meinen Kopf, für den wahrscheinlich am meisten. Das ist das Schöne an dem Beruf, er hält einen in Schwung. Und wach. Und neugierig. Und man lernt ständig etwas Neues. Zum Beispiel, dass sogar Schweine eine Angina haben können.

Das Thema kommt jetzt etwas unvermittelt? Genauso ist das bei Räumungen auch. Das macht es ja gerade spannend. Der Mann, dem ich diesen Wissenszuwachs zu verdanken habe, war weder Veterinärmediziner noch sonst irgendwie auf dem Gebiet der Tierkrankheiten bewandert gewesen. Möglicherweise hatte er nie im Leben ein leibhaftiges Schwein zu Gesicht bekommen. Trotzdem befand sich in seinem Nachlass ein Buch mit dem wunderbaren Titel:

*Neues, praktisches Vieh-Arzneibuch, enthaltend: die Kennzeichen, Vorbeugungs- und Heilmittel des Rindviechs, der Schaafe und der Schweine*

Von wann das Werk war, stand weder auf dem Umschlag noch auf einer der vierundsechzig Seiten dazwischen. Der Schrift und der Aufmachung nach zu urteilen, könnte es um 1830 erschienen sein. Der Verlag war noch ein Anhaltspunkt: Trowitzsch und Sohn. Den gab es zu dieser Zeit und noch lange danach, in Berlin und in Frankfurt an der Oder, wie ich herausfand. Dazu entdeckte ich irgendwo die Abbildung einer Siegelmarke der Firma. Darauf stand: »Königliche Hof-Buchdruckerei«. Und es war auch ein Königlicher Hof-Arzt namens Michael Böhmen, der dieses kleine Handbuch herausgegeben hatte.

Die ältesten Bände, die man von dem Verlag kaufen kann, in Antiquariaten oder übers Internet, stammen aus der Zeit, die ich geschätzt habe, also liege ich damit wahrscheinlich nicht so falsch.

Außer dem Alter fand ich zwei Dinge an dem Buch bemerkenswert: erstens zwei kleine Löcher, dicht beieinander, die jeweils komplett durch alle Seiten, den vorderen und den hinteren Umschlag gingen, so winzig, dass man gerade mal eine Stopfnadel hätte durchstecken können. Das Werk eines hungrigen Holzwurms, er hatte sich anscheinend einmal hin- und wieder zurückgefressen.

Und zweitens, der Inhalt. Zarten Seelen dürften manche Passagen ganz schön auf den Magen schlagen. Allein was über Angina bei Schweinen gesagt und vor allem zur Behandlung empfohlen wird, klingt ziemlich rabiat:

*Für die Bräune der Schweine.*

*Dieses Vieh pflegt sehr oft einen bösen Hals, oder ein Geschwür im Halse, oder eine Entzündung des Zäpfleins zu bekommen, wie auch den Menschen zuweilen widerfähret, das pflegen die Gelehrten Angina zu nennen, auf Deutsch aber heißt es: die Bräune, dieweil einem der Hals und die Zunge davon braun und endlich gar schwarz wird, welches dann nichts anderes als eine Geschwulst im Halse oder in der Kehle ist und die Luftröhre verstopfet, daß einer endlich ersticken muss. Dies ist nun eine gemeine Krankheit der Schweine, daran ihnen oft die Hälse so dicke zuschwellen, daß sie daran sterben müssen, denn wenn diese Geschwulst die Lunge erreicht, so müssen sie sterben. Sobald nun dieses gemerkt wird, soll man ihnen das Blut aus den Schultern, oder eine Ader unter der Zunge schlagen lassen, es muss aber bald in der Frühe geschehen, sonst ist alle Hülfe verloren ...*

Zimperlich waren unsere Vorfahren offenbar nicht. Aber gut, wenn es half. Der Königliche Hof-Arzt beruft sich jedenfalls darauf, dass seine Behandlungsmethoden in der Praxis beste Erfolge gezeigt hätten. Irgendwie möchte man trotzdem nicht dabei gewesen sein. Und schon gar nicht, »wenn einer Kuh im Kalben der Kälberdarm austritt«. Wie man sich in einem solchen Fall behelfen konnte, beschreibt er in dem Kapitel, das sich um Rindviecher und ihre großen und kleinen Zipperlein dreht:

*Weiche den Darm in laulichtem Wasser ein, dass es recht gelinde werde, lege die Kuh hinten ein wenig höher, als vorne, und stopfe den Darm allgemach hinein; will aber der Darm nicht bleiben, so stecke eine Zahl Garn dafür, dass er bleiben muss, und in zwei oder drei Tagen ziehe das Garn wieder heraus ...*

Geradezu harmlos nimmt sich dagegen ein Rezept aus, mit dessen Hilfe sich angeblich unliebsames Stechgetier wie Mücken und Bremsen auf Distanz halten lässt. Das könnte man im nächsten Sommer glatt einmal ausprobieren. Wenn das bei Tieren wirken soll, warum nicht auch beim Menschen?

*Stoß Attichkraut und Knoblauch unter einander, drücke den Saft heraus, thue alt Schmer dazu und zerlaß alles unter einander, und hernach lege ein wollen Läppchen darein, welches du bei dir führen und das Vieh allenthalben damit bestreichen mußt.*

Überhaupt finde ich, von unseren Vorfahren kann man eine Menge lernen. Es lohnt immer, in alten Schriften zu blättern. Besonders wenn es um Kardinalthemen wie das menschliche Miteinander geht, um Normen und Werte und so etwas. Da ist vieles in Vergessenheit geraten, von dem man sich wünschte, es käme auch heute noch zur Anwendung, wenigstens in Teilen.

Dass ich einen der besten Ratgeber für den Umgang mit seinen Mitmenschen in der Wohnung einer pensionierten Lehrerin in die Hände bekam, die verstorben war, passte eigentlich wie der Topf auf den Deckel. Die Frau wird auf solche Sachen noch Wert gelegt haben, dachte ich und stellte sie mir als eine feine Dame vor, die stets adrett gekleidet war und sonntags mit Hut in die Kirche ging.

Aber dann hörte ich von einer Nachbarin, sie sei die reinste Furie gewesen. An jedem im Haus habe sie etwas auszusetzen gehabt. Der eine hätte zu laut Musik gehört, beim Nächsten störte sie dessen Hund, weil der ausgerechnet vor ihrer Wohnungstür einmal drei Härchen verloren habe. Oder sie regte sich darüber auf, dass zwei Hausbewohner im Treppenflur standen und sich über den neuesten Klatsch austauschten, der in ihrem Viertel gerade die Runde machte. Vielleicht wird man so, wenn man lange allein lebt. Angeblich, auch das erzählte die Frau aus der Wohnung nebenan, habe sie nie einen Mann an sich herangelassen, nicht einmal in jungen Jahren. Deshalb habe sie von ihren Schülern auch immer verlangt, dass die sie mit Fräulein ansprachen, noch bis zu ihrem letzten Tag als Lehrerin, und da war sie über sechzig.

Stichwort Umgangsformen – das bringt mich zu dem Buch zurück: *Der Haussekretär* von Dr. Carl Otto, erschienen 1910. Mit »über tausend Mustern zum praktischen Gebrauch und zur formvollendeten Anfertigung von Briefen in allen nur denkbaren Familienangelegenheiten, im Freundschafts-, gesellschaftlichen und Liebesleben …« und so weiter. Ein Konvolut von fast siebenhundert Seiten, für wirklich jede Eventualität, die im Leben auf einen zukommen kann. Bis hin zum »Schriftverkehr mit der Obrigkeit und im Amtsleben«. Sich das alles auszudenken – was für eine Mammutarbeit! Dazu diese Sprache und der Tonfall von damals – zu schade, dass so wenig davon die Zeit überdauert hat.

In einer meiner Lieblingstextvorlagen verbittet sich eine junge Dame die Zudringlichkeit eines Mannes, für den sich ihr Herz nicht erwärmen kann. Die Überschrift lautet, recht zutreffend: »Schroffe Abweisung«.

*Mein Herr!*

*Ich finde es unverantwortlich und allem geselligen Leben hohnsprechend von Ihnen, daß Sie, nachdem Sie mich kaum dreimal flüchtig gesehen haben, in einem so süßlichen Tone zu mir sprechen und die Dreistigkeit haben, mich zu einem Rendezvous einzuladen.*

*Ich verzichte auf ihre Gesellschaft und verbitte mir jede weitere plumpvertrauliche Annäherung. (Unterschrift)*

Eine solche Abfuhr würde man sich doch gern einmal abholen. Wenn man bedenkt, wie so etwas heutzutage geregelt wird.

Kommt natürlich ein bisschen aufs Alter der Betreffenden an. Aber mit viel mehr als einer unerfreulichen SMS braucht man wohl nicht zu rechnen, also drei bis fünf knappe Wörter. Und falls gerade kein Handy greifbar ist, tut's auch die direkte Konversation, kurz und prägnant auf den Punkt gebracht, was sich dann ungefähr so anhören würde: »Zisch ab, du Nulpe!«

Sehr lehrreich für uns Menschen im 21. Jahrhundert ist auch, welchen Stil des Umgangs der Verfasser vor über hundert Jahren zwischen Eltern und ihren Kindern empfahl, beziehungsweise umgekehrt. In dem Beispiel, das sich der Herr Doktor ausdachte, geht es um ein halbwüchsiges Töchterchen, deren Schulfreundin – und Geld für eine Reise. Ganz schön viel auf einmal, aber deswegen riet er auch zu folgendem herzallerliebsten Schreiben:

*Liebe Eltern!*

*Aus dem anliegenden Brief werdet Ihr ersehen, daß mich meine Freundin Hulda zu einem längeren Aufenthalt nach Brandenburg eingeladen hat. Ich habe rechte Sehnsucht nach der Genossin meiner Schulzeit und bitte Euch daher um Eure gütige Erlaubnis zu der Reise. Ihr müßtet mir freilich auch etwa hundert Mark Zuschuss gewähren, da ich von meinen jetzigen Ersparnissen nicht alles begleichen kann. Ich denke aber, von dem mitzunehmenden Gelde einen großen Teil wieder zurückzubringen.*

*Zudem ich hoffe, daß Ihr mir meine Bitte nicht abschlagt, bin ich unter tausend Grüßen Eure treue und dankbare Tochter.*

Anscheinend war damit selbst das Herz eines gestrengen Papas zu erweichen. Zumindest in der Vorstellungswelt des Autors, der auch gleich ein Antwortschreiben für denselben dazustellte, das nicht ganz unpädagogisch ausfiel und in dem es unter anderem heißt:

> ... *Auch werden wir Dir einen Zuschuß in Höhe von sechzig Mark durch Postanweisung übersenden. Du hattest zwar um hundert Mark geschrieben; eine so hohe Summe halten wir aber nicht für notwendig. Außerdem wäre es mir schwer, Dir soviel zu geben. ... Wir sind keine wohlhabenden Leute, sondern ich muß mir mein bißchen Geld auch durch fleißige Arbeit redlich verdienen ...*
> *Dein Vater.*

Sich durch dieses Textsammelsurium zu blättern, hier und da eine Passage zu lesen – das ist so, als würde man sich auf die Reise in eine fremde Epoche begeben. Meistens fehlt die Zeit für solche weitschweifigen Ausflüge. Doch wenn ich sie mir mal nehme, merke ich, wie gut es mir gefällt.

Deshalb werde ich schon immer ganz hellhörig, wenn ein Kunde meint, in der Wohnung, die zu räumen sei, stünden ein paar schöne alte Bücher. Allerdings darf man sich da nicht täuschen lassen. Man glaubt gar nicht, wie unterschiedlich die Leute in dem Zusammenhang Wörter wie »ein paar« oder »alt« definieren. Selbst für gebildete Menschen scheint da ein großer Spielraum zu sein, in beide Richtungen.

Einmal rief mich ein Anwalt an, der als Nachlasspfleger bestellt worden war. Es ging um eine Wohnung in Kreuzberg. Viel sei dort nicht zu holen, sagte er, bis auf die Küche gäbe es kaum Möbel, nur Regale – und ansonsten ein paar Bücher. Auf meine Nachfrage, ob er diese Angabe vielleicht etwas konkretisieren könne, meinte er: »Schwer zu sagen, zirka tausend«.

Ich gebe zu, dass ich bei »ein paar« nicht an diese Größenordnung gedacht hätte. Wer aber glaubt, das sei jetzt die Pointe gewesen, der irrt. Ich kenne wenige Menschen, die gut darin sind, die Anzahl von Büchern zu schätzen, jedenfalls sobald diese einen gewissen Bereich übersteigt. Und der liegt – meiner Meinung nach – bei ungefähr fünfundzwanzig.

Bücher transportiere ich generell in Bananenkisten. Es gibt nichts Geeigneteres dafür. Mit Umzugskartons aus dem Baumarkt braucht mir niemand zu kommen. Die haben ihren stabilsten Moment schon hinter sich, sobald man sie nur einmal angefasst hat. Die Bananenkiste dagegen ist gewissermaßen das altdeutsche Möbelstück unter den Kartons – ästhetisch nicht jedermanns Geschmack, dafür beinahe unverwüstlich.

Ich packte also meinen Transporter mit Bananenkisten voll und machte mich auf den Weg nach Kreuzberg. Die Wohnung lag in der dritten Etage. Kein Fahrstuhl, da kam Freude auf. Eine Bananenkiste wiegt mit Büchern gefüllt zwischen zwanzig und fünfundzwanzig Kilo. Die ersten zehn sind ein Kinderspiel, danach artet es in knochenhartes Training für Rücken-, Arm- und Beinmuskulatur aus. Und die vielen Stufen erhöhen dabei noch den Trainingseffekt. Aber so weit war ich noch gar nicht.

Erst einmal stapfte ich ohne Kisten die Treppen hoch. Der

Anwalt öffnete die Tür. Mein erster Gedanke, nachdem ich einen Fuß in die Wohnung gesetzt hatte: Aha, mal alle Bücher im Flur, wie prakt…! Doch die letzte Silbe dachte ich schon nicht mehr. Die muss in irgendeiner Gehirnwindung steckengeblieben sein.

Inzwischen hatte ich den Flur hinter mir gelassen und befand mich im nächsten Zimmer. Auch das stand voller Bücher. Es sah aus wie in einer Bibliothek, nur dass die Regale, die vom Boden bis zur Decke reichten, eine Spur enger gestellt waren, so dass man denken konnte, man sei in einem Labyrinth gelandet. Weder sah man, wo ein Zimmer anfing, noch, wo es aufhörte. Man konnte nur den Gängen zwischen den Regalen folgen.

Auf diese Weise gelangte man automatisch in die Küche, dort sah es kaum anders aus. Wer hier gekocht haben wollte, muss ein Zauberer gewesen sein, der ohne Herdplatte und Backofen auskam.

In der gesamten Wohnung gab es überhaupt nur einen bücherfreien Bereich, und das war eine winzige Kammer, in der sich die Toilette und ein kleines Waschbecken befanden. Selbst das Bett des Mannes, der sich diese Privatbibliothek eingerichtet hatte und nun gestorben war, musste man suchen: Ein breiteres Brett, das er zwischen zwei Regale eingebaut hatte. Darauf lagen eine Matratze, ein Kopfkissen und eine Wolldecke.

Das Ausräumen dauerte zwei Wochen. Ein Bekannter half mir dabei, allein hätte ich ewig gebraucht. Er übernahm auch gleich die meisten Bücher. Bücher sind sein Spezialgebiet, mehr als bei mir. Ich picke mir nur bestimmte Exemplare heraus, er nimmt auch die Masse. Jedes Wochenende steht er auf einem Trödelmarkt und verkauft welche. Keine Ahnung, wie lange er brauchte, um die neuen loszuwerden. Immerhin waren es fast zwölftausend, für mein Verständnis also etwas mehr als »ein paar«. Er meinte, einige davon kämen ihm bekannt vor. Die habe er schon einmal verkauft – an den Mann nämlich, aus dessen Wohnung wir sie geholt hatten. Der sei häufig an seinem Stand gewesen.

Da sah man es wieder: Die Dinge nehmen ihren Lauf. Und manchmal sind wir dabei. Für einen kurzen Moment oder für etwas länger – aber nie für ewig.